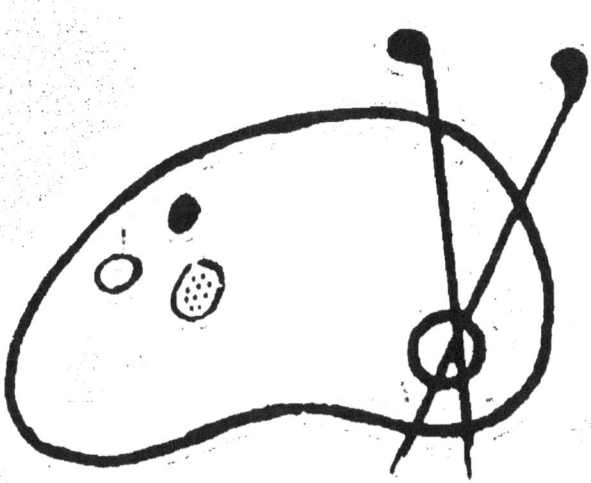

Typographie de couleur

# Mecislas Golberg

# La Morale des Lignes

avec des reproductions de dessins
de ROUVEYRE
et un portrait par A. de la Gandara
gravé sur bois par P. E. Vibert

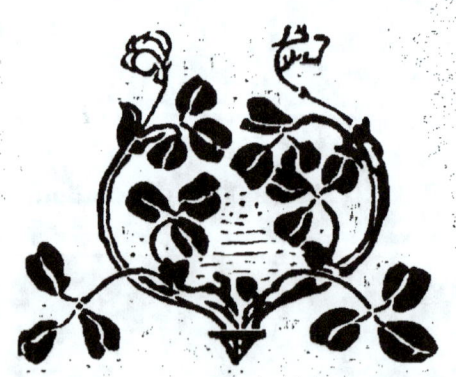

Librairie Leon Vanier
Editeur_ A Messein. S[r]
Quai St-Michel. 19
Paris _ 1908

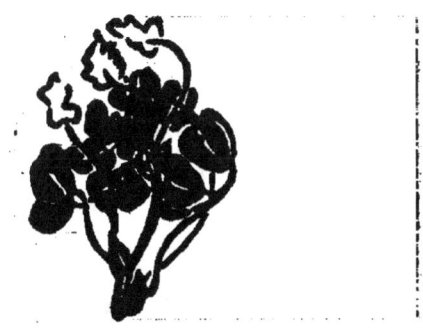

15<sup>t</sup>

2471.

V. IV. 23.

# LA MORALE DES LIGNES

# DU MÊME AUTEUR

*Immoralité de la Science.* . . GIARD et BRIÈRE, éditeurs, 1895.

*Vers l'Amour.* . . . . . . . A. WOLF, éditeur, 1896 (*épuisé*).

*Lazare le Ressuscité* . . . . — — 1901.

*Parmi les Sources* . . . . — — 1901.

*Puvis de Chavannes.* . . . . — — 1901.

*Cahiers.* . . . . . . . . . . — — 1900-1904. 12 numéros.

*Lettres à Alexis* . . . . . . Édition de « la Plume », 1904.

*Deux Poètes : Regnier et Moreas.* . . . . . . . . . . . — — 1904.

*Prométhée Repentant* . . . . Tragédie, édition de la *Revue Littéraire* (J.-R. Aubert, Reims, 1904, *épuisé*).

*Fleurs et Cendres. Impressions d'Italie* . . . . . . — — 1906.

*Cahiers.* . . . . . . . . . . — — 1907.

*De l'Esprit Dialectique.* . . . Édition de l'Abbaye (Créteil).

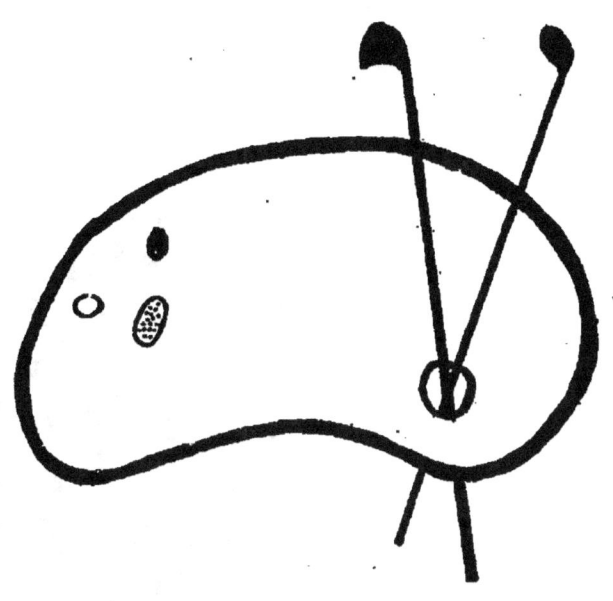

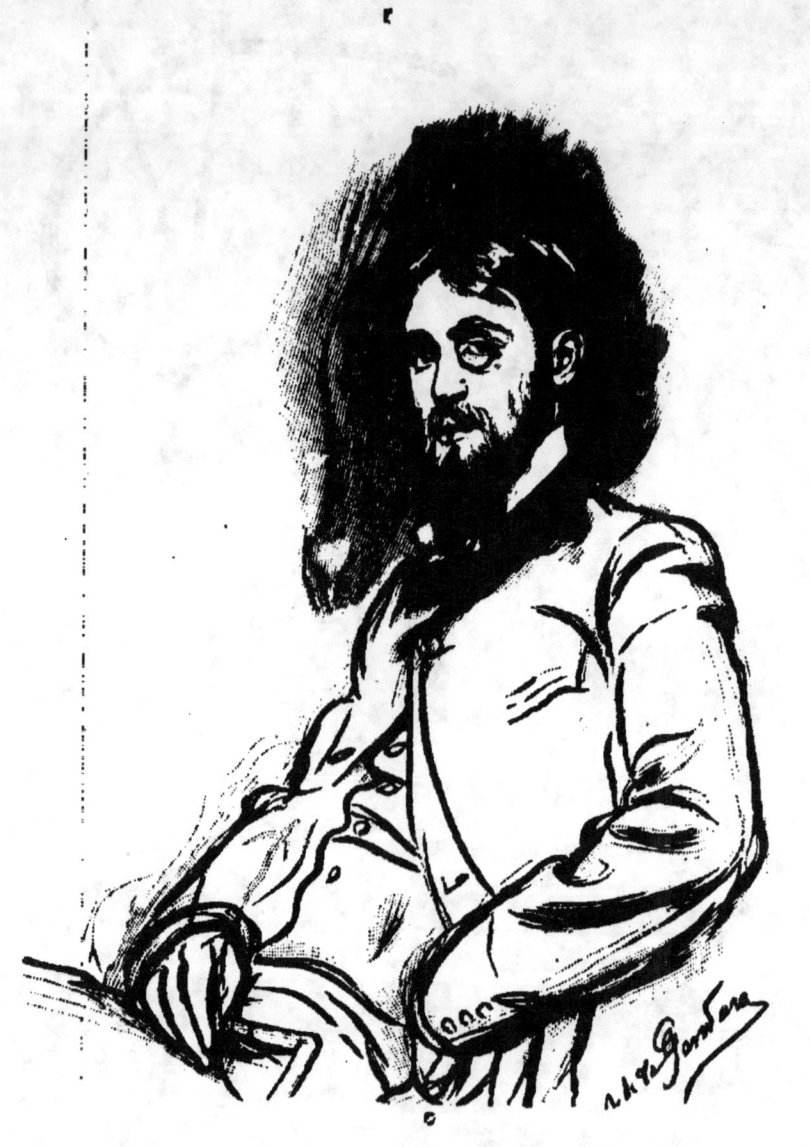

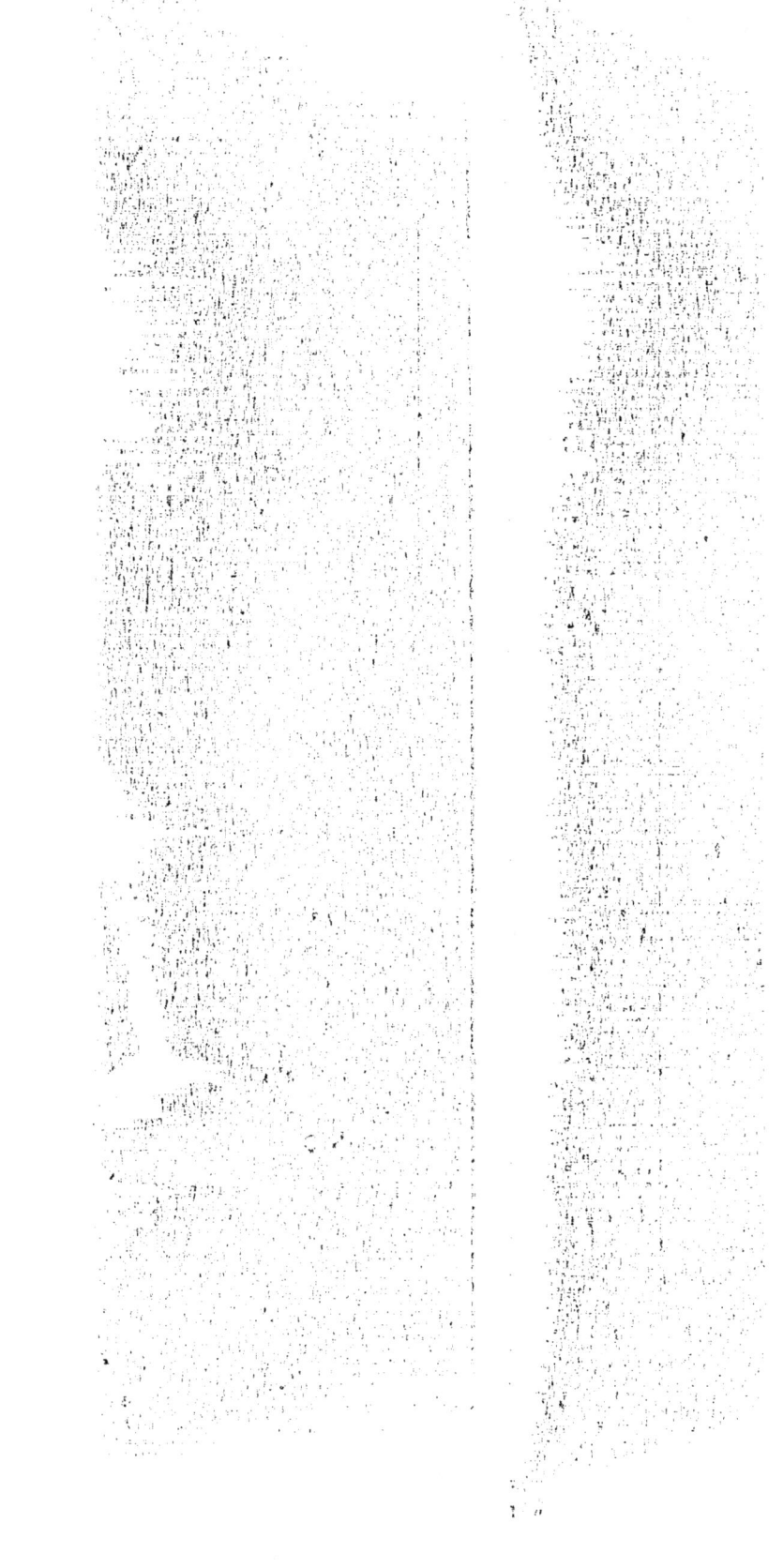

Un exemplaire de cette dernière œuvre de MECISLAS GOLBERG a pu lui être remis quelques heures avant sa mort, grâce à la diligence qu'a mise la Maison Lahure à l'imprimer. Malheureusement, la composition en a souffert; nous devons signaler au lecteur quelques errata, et nous en excuser.

L'ÉDITEUR.

Page 19, 5ᵉ avant-dernière ligne; lire *vraie* au lieu de .. *ai.*

Page 71, 11ᵉ ligne; lire *peuvent* au lieu de *pour.*

Page 101, 11ᵉ ligne; lire *prévenants* au lieu de *présents.*

Page 193, dernière ligne; lire *une émotion particulière et des procédés spéciaux.*

# MECISLAS GOLBERG

## LA

# MORALE DES LIGNES

AVEC DES REPRODUCTIONS DE DESSINS
DE ROUVEYRE

ET UN PORTRAIT PAR A. DE LA GANDARA
GRAVÉ SUR BOIS EN DEUX TONS PAR P.-E. VIBERT

PARIS
LIBRAIRIE LÉON VANIER, ÉDITEUR
A. MESSEIN, Successeur
19, QUAI SAINT-MICHEL

1908

2471

## IL A ÉTÉ TIRÉ DE CET OUVRAGE

20 exemplaires sur papier de chine, numérotés de 1 à 20,

20 exemplaires sur papier des manufactures impériales
du Japon, numérotés de 21 à 40.

40 exemplaires sur papier de Hollande, numérotés de 41
à 80.

Et des exemplaires sur papier teinté d'Arches.

# AVANT-PROPOS

# AVANT-PROPOS

J'ai entrepris, dans le présent volume, de rechercher une idée absolue. C'est très simple — une idée absolue —. On en trouve autour de soi, dans les livres, dans la vie. C'est peut-être même sa fréquence qui empêche les braves instructeurs du genre humain d'y penser. On préfère des idées de ceci et de cela, idées inédites, idées originales, idées extraordinaires, idées enfin avec lesquelles on torture, sans aménité, et le papier et le cerveau pour aboutir à un résultat toujours le même; à savoir : le recommencement indéfini de la construction de ce palais du rêve : idée !

Or, on ne reprend jamais une idée absolue. L'énoncé demeure; répété ou rejeté il crée autour de lui tout un monde de faits qui le continuent, avec plus ou moins d'éclat, avec plus ou moins d'anonymat.

L'idée absolue est une naïve et petite idée : la table de Pythagore, la loi de la ligne droite, la loi de l'évolution dite par Darwin, celle des lignes de beauté formulée par Vinci, ou bien des mystères du ciel dite par Kepler, ou celle de la parole

donnée par Dante; ces idées là : « La pierre
tombe à cause de son poids », « La mort est
l'aboutissant de la vie », « tout devient », sont
des aperçus de la loi indestructible de la substance
même de l'existence.

Oh! les nombreuses pensées de celui-ci et de
celui-là! Immenses inventions de M. Tartempion
et du Sire de la Palisse! Les beaux chefs-d'œuvre des Concours Agricoles, des Congrès des
Sciences! Les beautés innombrables écloses à
nos fières expositions d'art! je vous salue respec-
tueusement à la porte de l'humaine foire où je
n'ose entrer.

Dans les pages qui suivent je vais chercher
l'indication d'une esthétique suggérée par une
œuvre solide et entière de Rouveyre : *Carcasses
Divines*\*. Je vais essayer de reconstruire l'intellect de la ligne, de chercher dans ces graphiques
leur âme verbale et de formuler quelques lois
concernant les mystères de l'âme humaine, du
cœur, de la pensée autant qu'elles s'expriment
par des tracés absolus que je chercherai dans
cette œuvre.

---

\* *Dessins inédits de Rouveyre*, 1906 et 1907 (Bosc et Cⁱᵉ, éditeurs, 38, Chaussée d'Antin, Paris, 1907. 5 francs). Les dessins
reproduits en réduction au cours de notre ouvrage sont
extraits de ce volume.

# LA MORALE DES LIGNES

## DES RÉALITÉS

# LA
# MORALE DES LIGNES

## DES RÉALITÉS

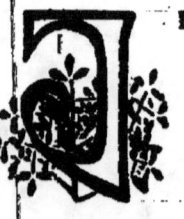 L n'y a rien de plus facile à déterminer qu'une réalité. Assembler quelques faits, les coordonner par un lien de parenté plus ou moins illusoire suffit souvent pour donner à un fait irréel l'aspect expérimental vivant.

La base de ce genre de réalité est une construction par analogie, avec des aspects sensibles, c'est senti, c'est palpable, c'est vécu.... Tel dessin avec un nez exact, un menton juste, une tête bien campée, des plis bien ordonnés paraît « de la vie », quant au fond c'est un assemblage grossier de faits qui n'ont rien de commun. Une statue faite au compas a des apparences de solidité qu'un peu d'éloignement, une incidente de lumière, font effondrer.

Il y a tout un domaine de réalité en art, en sciences, en morale qui ne sont que des agglomérats, des apparences, des unions lâches.

Or, qu'est-ce que la réalité?

La réalité dans le sens strict du mot est un fait isolé, autonome qui, tout en ayant des analogies avec d'autres faits, existe par lui-même. La réalité, c'est l'individualisation des faits confus, c'est de l'abstraction, de la quintessence des particularités fugaces, confuses, sans personnalité.

Les corps innombrables, les chocs des forces, la transformation de la matière ne valent que par leur essence géométrique, unitaire. Le fait le plus réel est le fait le moins palpable, le moins sensible : le point ! De lui sont venues toutes les notions en chimie, en physique, en art.... De lui partent toutes les applications pratiques, depuis l'humble hutte du paysan jusqu'au ballon « dirigeable ».

Or toute la morale de la réalité du point, toute la force de son expansion, de son importance, de sa dynamie est dans sa solitude, dans son individualisation infinie. C'est l'atome de Démocrite, c'est la monade de Leibniz ; c'est l'être de Kant, l'absolu de Hegel.

Pour créer il faut aboutir au point et en faire son départ.

L'individualisation est principe de toute création.

Quand Charcot veut établir les lois de la tare nerveuse appelée l'hystérie, il commence par créer sa personnalité : il démontre l'existence des zones hystériques où naissent et où meurent les troubles. « Sur une ligne horizontale passant par les épines iliaques antérieures et supérieures, faites tomber les lignes perpendiculaires qui limitent latéralement l'épigastre, et à l'intersection des lignes verticales avec l'horizontale, se trouve le foyer douloureux qu'accusent les malades et que la pression exercée à l'aide du doigt met en évidence ». (Charcot, *Leçons sur les maladies du système nerveux*.)

Quand Lavoisier crée la chimie moderne, il remplace les théories confuses sur le vitalisme, en créant l'individualité chimique de l'oxygène.

Or toute individualisation a ses lois et ses graduations : isoler les faits, même les abstraire ne suffit guère. Souvent l'arbitraire se glisse dans l'individualisation, l'arbitraire né de la déformation du principe même de la personnalité.

Les erreurs de jugement et d'exécution, de philosophie et d'action, d'esthétique et de science, ne sont que des pétitions de principes, des confusions de genres.

Quand un dessinateur qui a ainsi compris le principe de son art pose ses lignes par analogie ou par sentimentalité, son dessin sera insuffisant, malgré de réelles qualités.

Quand un savant qui a compris la valeur mathématique de son jugement y ajoute des considérations de race, de passions, sa science sera déformée en raison même de l'introduction de ces éléments. En général, plus la réalité tend à l'individualisation absolue-statique, plus elle est solide et durable.

Plus la réalité se compose d'éléments immédiats expérimentaux, plus est disparate sa nature et moins grande sa valeur.

Quand Quételet établit les lois immuables de certains phénomènes sociaux, il commet parfois des erreurs par son désir d'ordonnance et de symétrie qui l'empêche de voir des individualités autre part que là où il les a conçues lui-même. Ainsi il établit que « selon les statistiques de la poste belge, les erreurs commises dans les inscriptions d'adresses sont fixes ». — Or il a oublié les statisticiens en parlant des chiffres. Là où il voyait une loi d'erreur il y avait celle de paresse de bureaucrate qui, tout simplement, recopiait d'année en année les chiffres établis une fois pour toutes !

Il ne suffit pas de grouper et d'abstraire pour créer une réalité, il faut encore que le groupement et l'abstraction soient contrôlées par la loi mathématique exclusive qui ne laisse en marge aucune de nos faiblesses de jugement ou de compréhension. Il y a des réalités immédiates troublantes.

M. Bertillon recrée la personnalité humaine en se basant sur quatre ou cinq données immuables de l'unité organique. Dans l'individu il abstrait les éléments stables, il fait un schéma dans un schéma et crée la loi de la mensuration. Cependant il arrive — quoique le fait soit rare — que les schémas de diverses personnalités se correspondent, que par conséquent l'abstraction n'est pas complète puisqu'elle suppose des doubles et des répétitions.

Lui, à son tour, comme Charcot, comme Lavoisier, comme tous les créateurs, a superposé à une réalité complexe, une réalité simplifiée, à une donnée arithmétique sa formule algébrique.... Mais ces données ne suffisent pas parce qu'elles sont encore trop « expéri-

mentales », trop peu « unes ». Quand Cuvier recons-
titue d'après un os l'animal d'une époque, il fait plus
que de l'algèbre, il fait de la géométrie analytique. Il
procède du simple au complexe, du complexe à un!
Entre le schéma du paléontologue et celui de M. Bertillon, il y a toute la distance qui sépare de la science
imperturbable, amorale, « sans but » par elle-même,
la science à visées immédiates, hâtives, ayant à déter-
miner des fonctions qui ne sont pas en rapport direct
avec la réalité absolue.

Si M. Bertillon cherchait la réalité absolue, il
reconstruirait « l'individu » par un schéma simple,
par deux lignes, par une série simple des fonction-
nelles.

Parfois une bohémienne visionnaire reconstruit
mieux « la personnalité » que toute la science anthro-
pométrique de M. Bertillon.

En appliquant l'attention et l'esprit à un fait, en
appréciant dans les événements toute leur intensité,
toute leur dynamie, on peut arriver à prévoir merveilleusement les mystères de la vie, de la mort et de
l'âme humaine en se basant sur un fait unique. N'a-
t-on pas déjà des faits tragiques simples que l'observa-
tion courante a saisis ?

J'ai remarqué, m'a dit un vieux praticien, que l'instinct des malades les pousse à vouloir mourir chez
eux. Quand l'heure dernière s'approche, ils veulent à
tout prix rentrer « à la maison ». On connaît le geste
de celui qui « tire » la couverture.

Nous avons l'œil brightique, le signe de la tempo-
rale, le doigt hypocratique... en simplifiant encore

2.

ces faits par l'étude, en les schématisant par abstraction, on arrive à créer une table immédiate de la vie
et de la mort. Je ne désespère pas qu'un jour la
science ne soit dotée d'un livre des logarithmes de la
vie et de la mort, ou d'une table de Pythagore de
l'éternité et de la beauté! Rouveyre qui a bien voulu
me confier ses notes jetées au hasard de ses recherches si serrées sur l'âme humaine dit : « La feuille de
température d'un malade apparaît comme un admirable dessin et donne une forte émotion devant le
magnifique rapport entre le sommet fiévreux et le
froid définitif », et il ajoute en schématisant, cette loi
thermique : « toute ligne qui descend vers le centre de
la terre est d'expression tragique, celle qui s'élève
comique ». Voilà le tracé de la douleur et de la joie,
saisi au chevet d'un malade... dans une blafarde salle
d'hôpital parmi l'ennui, la somnolence et l'énervant
fumet de la mort !

Il ne suffit pas souvent de faire le « gabarit » et de
compliquer la vie. Au contraire, le coup d'œil d'aigle
et le coup de griffe de lion schématisent plus que les
nombreuses mesures à la Quételet et à la Bertillon,
qui finissent par devenir de l'anecdote du schéma au
lieu d'être l'abstraction à tendances absolues d'un
événement. Pour créer la réalité il faut savoir tamiser
les faits, les agglutiner, les fondre, les simplifier. C'est
de leur réduction que naît le point — l'être.

« Note comme le mouvement de la surface de l'eau
ressemble à celui d'une chevelure : le mouvement de
la chevelure est à deux temps, dont l'un répond à la
pesanteur des cheveux, et l'autre dessine la ligne de

leurs boucles. Ainsi l'eau a ses tours et retours, tantôt obéissant à l'élan du courant principal, tantôt aux lois du mouvement incident et réfléchi », dit Léonard de Vinci, et cette image vaut plus par son exactitude, par son abstraction qu'une lourde métaphysique surchargée de néologismes, de fausses précisions, d'illusoires réalités. Aucun fait n'est jamais probant par lui-même s'il n'est pas suffisamment isolé. L'âme de la vie c'est la personnalité, l'individualisation, la recherche d'une forme constante, immuable, à travers les variétés et les multiples divergences grossièrement expérimentales. « Être en soi » cela veut dire « être soi-même » être en équilibre des forces des lignes, exister hors de l'étendue et de la durée qui ne doivent être que des fonctions secondaires d'une réalité absolue : individu — un point! Les faits se répètent; une expression peut avoir mille causes et mille raisons! La signification réelle vient du schéma, de la constante qui révèle la particularité formelle et essentielle d'une réalité expérimentale.

Les mêmes effets souvent n'ont pas les mêmes causes.

Les mêmes surfaces n'expriment pas toujours le même point. Il faut encore tamiser les effets et simplifier les surfaces pour aboutir à une loi causale, immuable, réelle dans la    ai acception de ce terme.

Duchenne de Boulogne, dans ses études sur le mécanisme de la physionomie, a démontré que « l'excitation d'un muscle » crée l'impression d'un sentiment : le muscle orbiculaire palpébral supérieur est le muscle de la réflexion. L'excitation du muscle sourcillier donne l'expression de la douleur. Le grand zygomatique est le muscle du rire. En le contractant artificiellement on produit chez le sujet des expressions et des manifestations de gaieté. Le triangulaire des lèvres est le muscle de la tristesse.

Le Dr Richer dit : « La suggestion cataleptique par le sens musculaire ne met en jeu que le mécanisme des manifestations extérieures, en laissant au repos le rouage qui tient sous sa dépendance les manifestations intimes et organiques ». Voici donc un schéma insuffisant. Mais la suggestion par l'œil crée un état entier : le sentiment. *En général, l'expression peut créer le sentiment.*

On dit que lorsque Campanella désirait savoir ce qui se passait dans l'esprit d'une autre personne, il contrefaisait de son mieux son attitude et sa physionomie actuelles, en concentrant en même temps son attention sur ses propres émotions (Dugalt-Stewart, *Éléments de la philosophie de l'esprit humain*). Ainsi, même les expressions qui paraissaient attachées à l'état d'âme peuvent être isolées, personnalisées et leur sens changé.

Il y a donc par conséquent dans tout fait qui se présente à nos sens, une réalité plus intime, plus impérative, plus simple, qu'il faut découvrir. C'est cette réalité qui devient le « point du monde des sens, le principe de l'esthétique et de l'art ».

« Les choses matérielles s'expriment par des surfaces et des volumes plus précis, les choses de l'esprit s'expriment par des signes de plus en plus simples à

mesure qu'elles s'élèvent vers l'abstrait », dit M. Rouveyre dans ses notes.

L'esthétique, c'est de chercher cette échelle de simplification, de l'imposer aux surfaces et aux faits, de
spiritualiser en un mot les instants fugaces de la vie,
les expressions qui paraissent périssables et confuses.
Dans son œuvre, Rouveyre cherche la forme la plus
abstraite des faits qui semblent insaisissables, légers,
apparents. Il pénètre les mystères de la vie en enlevant
aux manifestations chaotiques leur aspect passager
pour les réduire à des sphères solides, en faire un
monde d'étoiles, de nébuleuses, d'astres.... « L'art, dit-
il, est la notation respectueuse des proportions géométriques d'un objet et de leur rapport avec une Harmonie
ou une Émotion ». Créer une œuvre d'art, c'est an-
noter le jeu d'équilibre des forces universelles, l'équilibre de la vie et de la mort, du rire et de la larme,
de l'ombre et de la clarté. En partant de ce point de
vue il pose devant nous le schéma non plus de l'esprit,
de l'âme, du cœur, mais d'une unité, d'un être.

La réalité grandit ! Ce passant n'est qu'une sphère
lancée dans l'infini subissant les lois mystérieuses des
angles, des lignes, des lumières.

Cette femme qui retrousse sa robe ou cette autre
qui surgit parmi les fleurs, deviennent les notations
algébriques des efforts, des passions, et de tout ce que
Faust a rêvé devant sa cornue d'alchimiste : de notations exprimées par une ligne, par une courbe, par
un point. Ce n'est plus l'analyse d'un fait isolé,
mais d'une série de faits qui créent la personnalité,
l'unité. Rouveyre a compris que le dessin qui permet

d'établir des schémas et des universaux doit aban-
donner l'anecdote et faire le dépouillement de la
réalité dans sa forme la plus abstraite, la plus proche
de l'universalité des choses.

Rembrandt a conçu autrefois la notation de la réalité émotive, il créa « une manière preste, heurtée,
brutale même en apparence, mais d'un éclat éblouissant et d'une vérité qui allait jusqu'à la magie », dit
Blanc.

Ses dessins qui ont choqué par leur « réalité » les classiques d'autrefois, étaient des tables logarithmiques
de la vie de rêve, de méditation, de passion ; de l'ombre
à la lumière naissait la vie. L'œuvre est immortelle
grâce à cette « illogique » de dessin, grâce aux erreurs
de raccourci reprises depuis par Delacroix, par Rodin,
par tous ceux qui cherchent dans la matière, la vie de
passion, le heurt des contraires, le déchirement tragique. Mais il y a plus encore que la réalité émotive !
Il y a la sphère de silence et de méditation, il y a la
réalité monade, le monde « individu ». Là le monde
affectif et intactile fond dans le creuset de « l'un »,
d'une vérité nue existant par elle-même et concentrant
tout un monde ! Pour recréer cette réalité, pour l'évoquer, il ne suffit plus de créer les lois de la nuit et
du jour, de l'ombre et de la vie. Il faut au contraire
soumettre à quelque chose de plus mystique, de plus
abstrait, de plus précis aussi les ombres et les lumières,
les faits particuliers de rêve et de passion. C'est là
que surgit alors la notion de l'individualité et de ses
constantes. Au lieu d'ombrer les surfaces, on les
décore, on édifie, on dissèque. On veut arracher tout

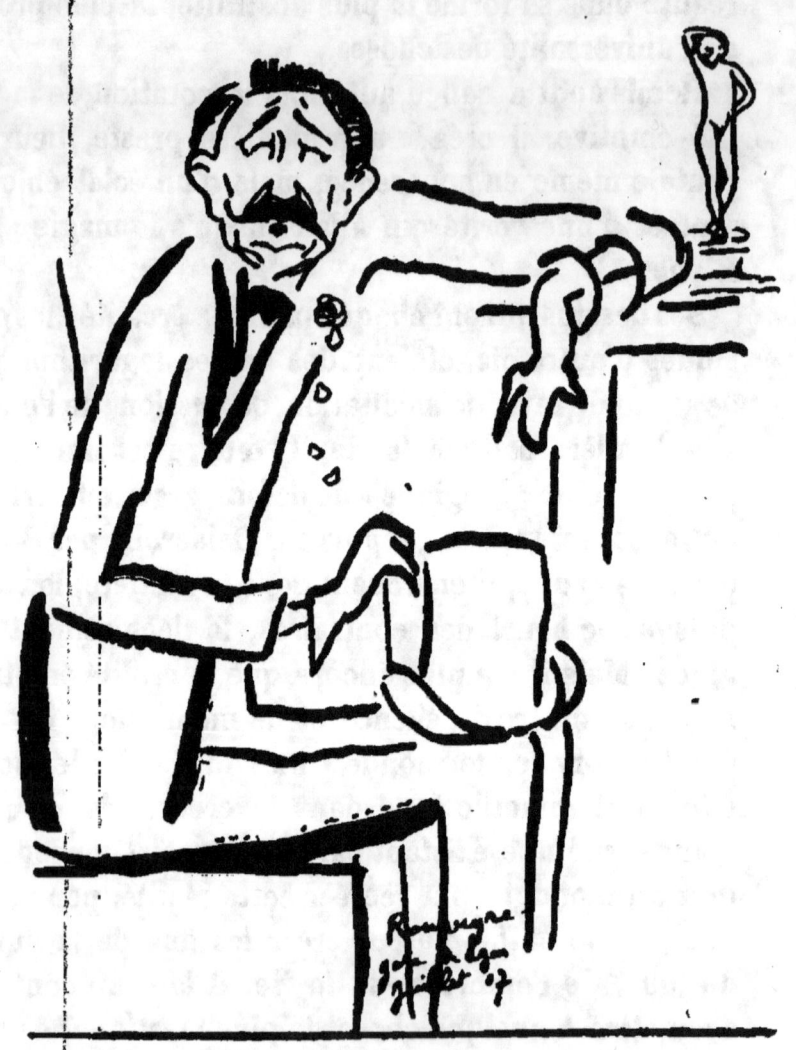

**ROBERT DE MONTESQUIOU.**

ce qui peut s'exprimer plus simplement, autrement avec plus d'éclair et plus de silence. On revient alors vers la géométrie, mais une géométrie mitigée, soumise elle-même à des lois de simplification et d'unification. On pense au raccourci des Égyptiens, à la colonne dorique, au geste hiératique des Byzantins.

On arrache les inutiles détails, on dégrade telle réalité encombrante, ou bien on met au premier plan une petite surface de rien et qui cependant est le raccourci linéaire de tout un monde de réalités : de la personnalité. Rouveyre dans ses dessins désencombre l'art du dessin, il trouve cette réalité *summum*, ligne dogmatique : individu. Pour reconstruire le microcosme de la vie : La Monade, il y a deux chemins : l'un, celui des expérimentateurs grossiers qui multiplient les détails, créent des incidents, des anecdotes, essayent d'émouvoir par de fausses réalités, par des unités apparentes. L'autre chemin consiste à trouver quelque schéma apparent, quelques gestes qu'on multiplie et qu'on répète. Mais dans ces deux procédés la Monade, l'individu ou le point échappent à la vérité. Elle est trop complexe pour les schémas basés sur des analogies; elle est trop multiple pour l'expérimentation vulgaire.

Dans les deux cas on assiste à la multiplication de la réalité à la dépersonnalisation de la Monade. Autrement se présente l'individualité dans les dessins de Rouveyre, il ne multiplie pas les incidentes, il les simplifie. Un trait c'est la robe, un point c'est la chevelure, parfois l'âme surgit dans la plume du chapeau, parfois dans la courbe du dos. Il dépersonnalise les

3

petites réalités pour créer l'individualité. Il dépouille
l'individu de ses détails encombrants pour aboutir à
une formule immuable, à un schéma. Son *Montesquiou*[1]
de l'album est dans l'impuissant mouvement des
épaules. C'est aussi l'inoubliable vision du triomphe
des matérialités dans le dessin *Comédienne* xxvii[2], leur
magnifique et fol épanouissement dans le dessin *Comédienne* xiv, ce dessin où la nuit la chair crie son désir, fatale, triomphante, solitaire : Me voilà, c'est moi !

Pour aboutir à ce cadre de pleurs et de mélancolie
du dessin *Comédienne* xxxv[3], toute la gamme des matérialités, depuis leur éclat jusqu'à leur écroulement,
saisie par des traits simples encadrés de lignes qui
paraissent des éclairs de lumière et d'autres des
traînées de désolation et d'enfer, ou bien la tremblo-
tante vision sans traits presque fuyante comme de la
fumée de rêve et de solitude du dessin (*Actrice* I[4]).

Voici la reconstitution en formules linéaires sim-
plifiées des personnalités complexes faites de rêve, de
chair, de passion, de méditation, de personnalité +
réalité — les microcosmes que Lotze a glorifiés et
dont Leibniz disait : « La Monade n'a ni portes ni
fenêtres sur l'Univers ». Il faut de près méditer sur la
sarabande des démences et des spiritualités, voir ce
veglione des mystères de chacun de nous, du « Moi »
matériel et spirituel parfois lumineux comme une
étoile, parfois plein d'abîmes comme la claire nuit
d'été.

1. Page 23. — 2. Page 133. — 3. Page 149. — 4. Page 127.

# DÉFORMATION

Nous avons vu que le sens de la réalité est dans son idéité, dans la quintessence des faits qui la constituent. On peut accumuler des notations exactes, des faits « pris sur le vif », tout cela n'augmente en rien l'expression de la réalité, et je dirai même : tout cela ne prouve rien. La vérité est visionnaire; la réalité dans le sens strict est le résultat d'un filtre merveilleux : de la pensée, de la compréhension, plus l'émotion, le mystère. Voici pourquoi de vieux dieux chinois ont des bosses qui nous semblent fausses et qui pénètrent de ferveur religieuse l'inquiétant Mongol. Et ces divines statuettes des îles ioniennes avec leurs déformations : ce ventre d'hydropique, ces seins multiples, ne résument-ils pas tout un monde de passions, de rêves, d'intérêts? La réalité religieuse ou scientifique, la réalité en art et en philosophie sont des produits de haute chimie intellectuelle, de quelque cornue où tels angles, tels détails se sont fondus, d'autres invisibles, secondaires ont surgi et où dans l'ensemble est née une nouvelle réalité, plus précise que son équivalent, plus nette, qui aidera même à comprendre et à utiliser la réalité courante, établie.

La déformation — ce qu'on appelle vulgairement la déformation est le principe même de la création humaine, notre *anima Dei!*

Il y a trop de choses et trop de détails par ce monde ! On accumulera pendant des siècles des documents sur un grain de sable, et ces documents au point de vue strict d'un « grain de sable » seront insuffisants. Mais que paraisse un esprit précis qui saurait de quelques faits tirer l'essence pour établir une idéité, une loi générale et ces documents sortent du fatras et le grain de sable vaudra « la montagne ». Ruskin disait déjà : « Aimez la moindre nervure d'une feuille ! » Il faut voir Rodin ému devant une cassure de pierre, devant un accident de marbre, ou un enfoncement de glaise. Il s'efforce de scruter les lignes que le hasard fait naître, de chercher les mystères de la matière que souvent « la réalité » établie ne saurait donner.

Et Michel-Ange qui un jour étant parti pour Carrare afin de choisir un marbre, y est resté des années à palper les montagnes de la pierre blanche, à la goûter, à la toucher, à effleurer son grain, ses rugosités, ses caresses, ses éclats. Il a passé des années de fièvre à toucher la brute matière, pour alambiquer dans l'inertie la forme si palpitante de sa statuaire.

Lui aussi déformait le sens du marbre pour surprendre ses secrets et pour savoir mieux y enchaîner une forme ! Ainsi en toute création, en tout effort visant le monde réel, l'abstraction est le principe, et la déformation la base. Cette recherche de la déformation est la base de l'esthétique unitaire et aussi le principe de l'exactitude en art et de son effort pour l'existence.

Que de luttes il fallait pour arracher au byzantisme le monde réel !

Et Phidias qui avait à combattre des réalités établies par le culte !

Les sculpteurs des XIII$^e$ et XIV$^e$ siècles devaient lutter pour indiquer un sourire ou un pli de robe. Eux aussi étaient traités de fous, de criminels. Ils menaçaient aussi la patrie, la religion, la beauté ! Et puis on a banalisé ces sourires et on en vendait jusque dans la foire de la montagne Sainte-Geneviève pour faire accroître la ferveur des croyants.

La réalité est évolutive. Elle change avec le soleil, l'air et le temps. Chaque fois, le créateur est obligé d'imposer à la conscience la déformation équivalente aux passions, aux besoins, aux certitudes d'une époque. Voici pourquoi la lutte pour l'art est infinie, et la géométrie de l'esprit n'a pas de limites. Toujours cependant deux grands courants dominent : la déformation émotive, passionnelle, sentimentale et la déformation spirituelle, rationnelle : les procédés dont nous avons parlé plus haut : celui de Sophocle et celui d'Eschyle, le culte d'Apollon et celui de Dionisios, l'œuvre de Rabelais et celle d'un Montaigne, d'un Rembrandt et d'un Vinci, d'un Goya et d'un Daumier. C'est le principe même de la vie : conscience et abstraction par masses, par ombres, par volonté, conscience et abstraction par lignes, par points, par dialectique. La grande querelle des classiques et des romantiques est celle de la vie : recréer le monde réel en le subordonnant à la passion ou bien à la raison. En posant ces deux éléments, on admet déjà que

3.

la base de tout est la déformation suivant les lois, soit de la volonté, soit de la pensée.

Tandis que la volonté s'exerce sur l'inconnu et a pour principe l'individualité matérielle — le monde affectif, la raison spiritualise et subordonne aux formules abstraites des matérialités et même des spiritualités normales. La loi domine tout dans l'esprit. L'individu n'est plus un agglomérat de forces, mais l'expression d'une forme, d'une idéité : tout est ligne, proportion, rapport mathématique, tout aide à multiplier la crudité des formes, la solitude des unités, la fatale clarté qui efface les faits secondaires comme le soleil ardent décolore et rend gris lumineux les plans les plus âprement rouges, blancs ou jaunes.

L'intensité réelle de la vie est précise. Elle suppose la fusion des formes, des couleurs, des angles. L'idéal de toutes les couleurs, leur synthèse, leur union est la lumière blanche dont le spectre est émouvant, mobile, plein de variétés, d'imprévu, de mystère. Ce rayon de soleil avant de pénétrer dans le prisme qui le décompose, est le symbole magnifique de la spiritualité, de la conception *une*, de la notion du moi absolu, du calme à force de tempêtes, de la paix par intensité même des chocs! La déformation la plus haute qui ne correspond plus à rien de « réel » le voilà le rayon blanc!

Et regardez son spectre qui danse, multiple, varié, semant le froid là, prodiguant ici la chaleur, devenant mystérieux chimiste dans un endroit et fameux jardinier dans un autre.... C'est là l'expression de l'art volontaire, confus, se spécialisant grâce à sa pauvreté même et arrivant à créer « l'individualité complète ».

Plus la vie se complique, plus les chocs sont variés, plus l'imprévu domine, plus aussi la volonté cède à la raison, le romantisme à l'âme classique, l'intuition aux mathématiques, l'anecdote à la géométrie !

* *

J'aime voir l'âme moderne parce qu'à force de complications et de difformités elle s'est individualisée et posée d'une façon définitive.

Tel dessin de Rouveyre, telle vision qui paraissent outrés sont des équivalents mathématiques de nos vérités qui marchent, qui s'essoufflent et... qui triomphent mieux de la vie que les lourdes panacées du xive siècle.

L'âme moderne est magnifique d'éclat blême, de grisaille et de cruauté nette, précise, sans ambages.

C'est ce caractère de notre époque que Rouveyre a compris et recréé dans les dessins que nous feuilletons ! Ce ne sont plus têtes, bras et jambes seulement ! Ce sont des formules d'effroi, de misère, de joie. Des lignes dessinent des caractères, des lignes-âmes, parfois des lignes-personnalités. Créobule a dit que le dieu d'un cheval serait un cheval ! Nous savons que l'Indien ne peut s'imaginer son paradis sans prairie et le calumet ni le musulman le sien sans un harem choisi !

Le même phénomène d'autosuggestion se produit en art ! Il y en a qui voient des bêtes parmi les hommes : chiens, tigres, lapins, pourceaux, lions.

D'autres, malgré eux confondent la forme humaine avec les plantes, avec le flou des nuages. Il y en a qui sentent surtout la résistance, ou le volume ou les dis-proportions entre les plans. Rouveyre y voit des lignes, des assemblages de tracés qui forment l'esprit, la chair, les traits. Il y a chez lui la ruée des lignes, où leur correspondance selon les lois des surfaces ; des courbes, des lignes hautes, des lignes basses, se croi-sent, fuient, s'arrêtent selon les indications et les unités abstraites dont elles sont la fonction.

Parfois cela devient comme le tournoiement d'un point lumineux, un vertige de lignes : le corps devient ellipse ou cylindre ou cercle. On a vu dans cette ma-nière le désir de charger, nous y trouvons une mani-festation rare, spécieuse et réelle de certaines immaté-rialités. Oui ! il y a des hommes cercles et d'autres... en carrés. Il y a là des visions de têtes, d'épaules, de bras, de jointures qui paraissent échappées du livre immortel d'Euclide. Ces phénomènes sont rares, mais ils existent. Il fallait les indiquer dans l'art des défor-mations primordiales des matérialités et des formes.

Rouveyre dans son art veut briser les obstacles qui séparent le nu abstrait de sa forme normale, l'âme simple en elle-même de ses expressions : force, forme, esprit et matière en soi. Il ne peut plus se contenter de Giboyer ou de Robert Macaire ni des goitreux de Vinci. Il lui faut la vision posée, une, sans qu'il existe d'autre exagération que celle de la solitude que donne tout art en arrachant une forme réelle aux ambiances irréelles. Il essaie de broyer les vêtements, de tâter les plis, de pincer ces jambes roidies, de taper dans ces

fronts bombés pour voir dedans, comme l'enfant qui
brise sa première montre pour voir, pour trouver le
secret, le petit secret de notre vie : un angle, une surface, une courbe... des formes enfin définitives, des
résumés de toute cette architecture de plans, parfois
merveilleuse, parfois difforme et confuse et qui
s'appelle l'individu, l'unité vivante, l'effort expansif
du point.

Il déclare : « Aujourd'hui les vêtements ne suffisent
plus à couvrir les mouvements humains de leur anonymat, bien au contraire, ils unifient les *tendances* et
là où les poitrines rentrent, où les genoux se plient,
trahissent les académies déformées — à notre point
de vue moyen — mais en réalité formées par les
instincts qui s'orientent vers des synthèses que les
siècles précédents avaient masquées sous des den-
telles, des perruques et des ouates savantes et que les
modernes négligent de dissimuler ou le font insuffisamment. Chaque homme se livre en entier à un certain moment, justement lorsque son instinct principal
s'exprime fortement. La correspondance physique
apparaît à chaque autre instinct secondaire (dégagé de
cette volonté qu'a l'homme de se voiler, par la force
même de son instinct dominateur qui s'exprime) qui
se place ou plutôt place sa correspondance physique
dans sa position naturelle et lui donne matériellement,
dans le geste la forme ou la grosseur, l'importance que
chaque instinct a comme développement dans la construction matérielle de cet homme. Néanmoins il est
des facteurs autres que les instincts ou la pensée pour
donner à chaque homme un caractère de forme par

culier : les conditions sociales de son existence, l'âge, les fatigues, les soucis qui ajoutent des détails précis, des rides, des cheveux qui poussent puis blanchissent, des affaissements partiels puis des fléchissements, des trous qui se creusent, des os qui apparaissent, toutes choses enfin qui forment cet extérieur précis où l'observateur peut appuyer sa documentation sur les différentes phases de la vie et déduire, par l'agencement qu'organise chaque homme de ces lierres qui l'enlizent, le soin qu'il prend à les éviter, de l'indifférence où quelquefois de la curieuse attention qu'il prête lui-même à les voir naître et se transformer jusqu'à l'étouffement définitif de son être. »

Dans ces pages, la vision de notre destinée tragique est posée comme une loi nécessaire à la vie, à la joie, au rire.

Il y a des dessins de Rouveyre où se déploie par traits la douleur, la crispation, l'effroi qui naît au bord de l'abîme. Voici *Suzanne Desprès*[1], la tête expressive qui paraît balloter dans les sombres mystères des matérialités de cette robe pesante, gaine de fer qui retient la fleur si fine que représente la tête : tracé d'un cercle et voici le drame! Et cet autre, *Sarah Bernhardt*[2], comme réfugié sous l'aile de la douleur s'abîme dans le morne hébétement de quelque fin que rien ne saura arrêter! Et voilà que ce pilier grandit, pèse comme l'aile d'un mystique oiseau sous l'ombre duquel se réfugie contre la vie l'âme brisée : des lignes qui se croisent pour se heurter, d'autres qui fuient... pour ne pas se coudoyer. Pauvre individu! les lignes

1. Page 85. — 2. Page 33.

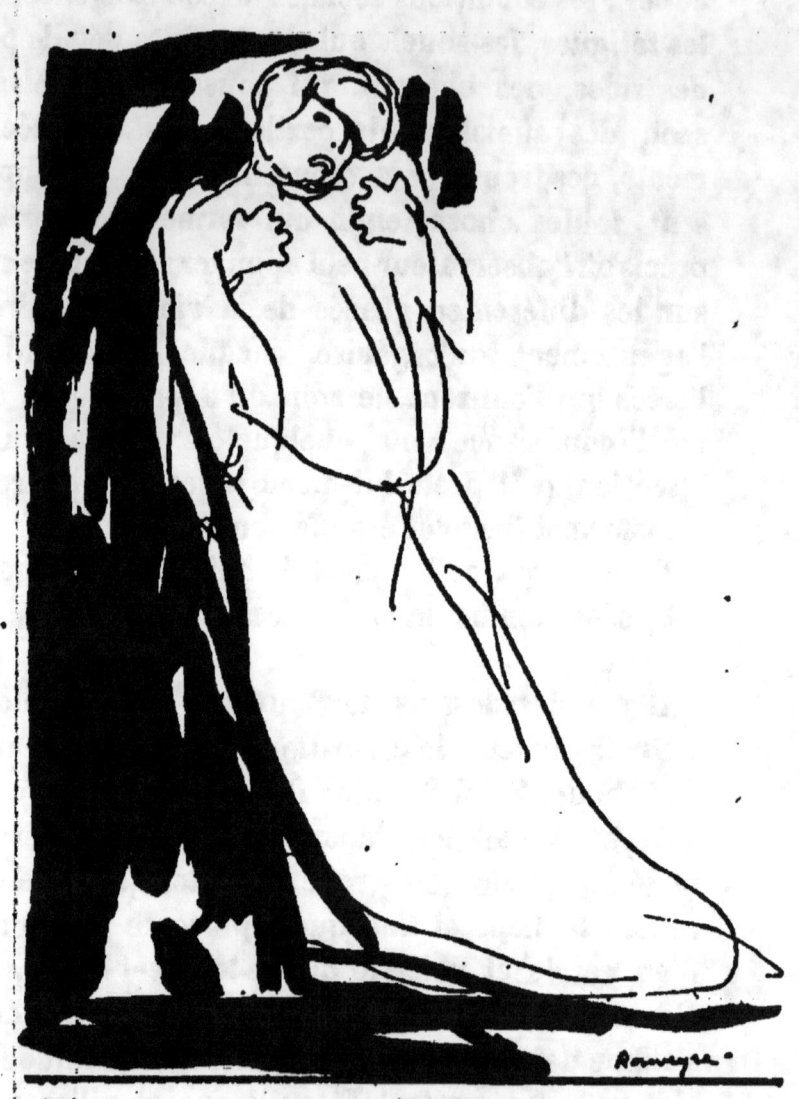

SARAH BERNHARDT.

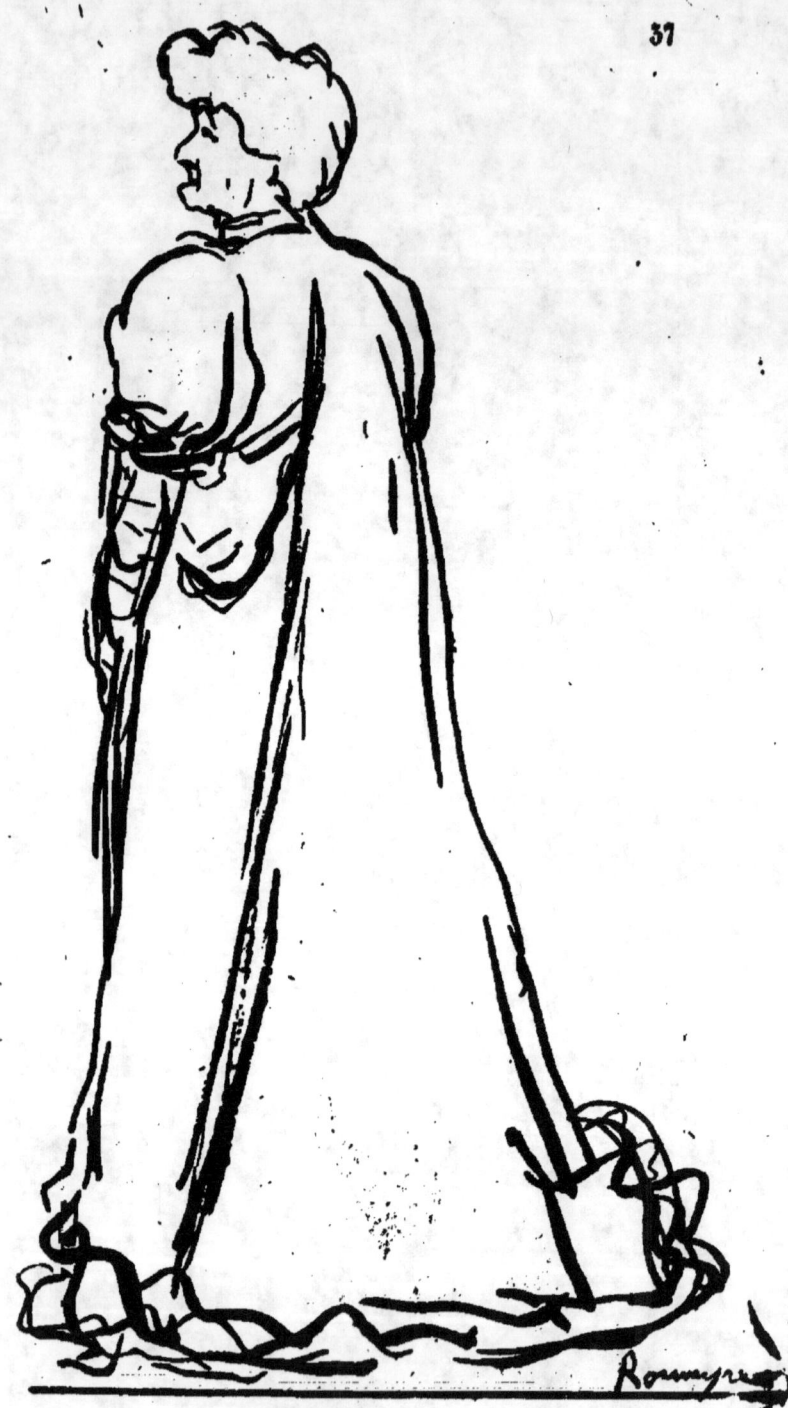

BARTET.

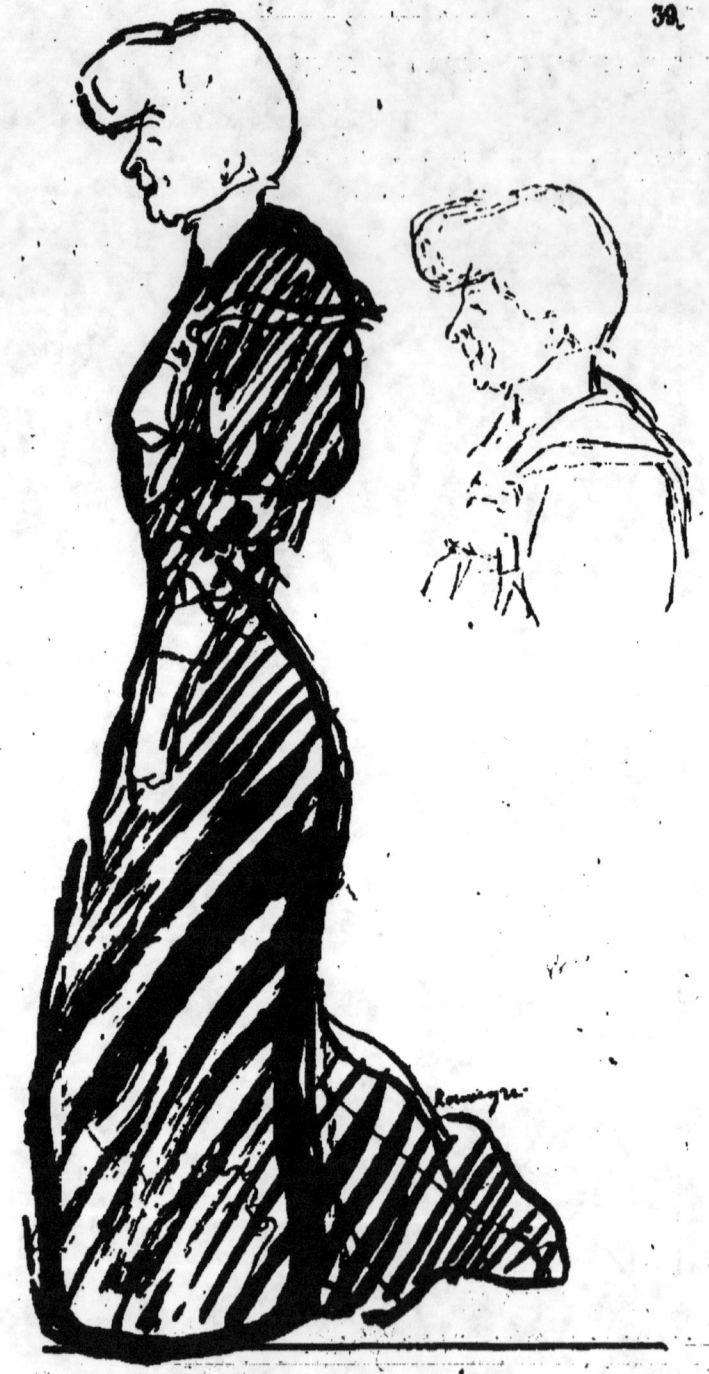

JULIETTE D'ARCOURT.

brisent son âme, il n'y a plus que chocs et lassitudes et le corbeau qui croasse !

Dans le portrait, *Actrice V*[1], le feu seul demeure au fond du néant.... c'est l'effacement même de la ligne, les surfaces sont fondues, une immense courbe : un soupir, un sanglot.... Et cependant voici un trait qui appelle la vie, là un coin de la lèvre, la ligne courte va résister à la débâcle, la nuit désolante sera encore écartée par quelque lumière d'âme — une étoile de berger, — l'étoile d'espérance. Mais voici (*Bartet*[2], *d'Arcourt*[3]), la chair jetée comme de la glaise molle, difforme. La pesanteur est la seule loi de ces existences. Je place ici une feuille extraite des notes de Rouveyre.

« La vie est une rébellion inutile de la matière contre les lois abstraites connues ou inconnues — ainsi on peut considérer l'attraction centrale de notre planète, son *point* central comme sa seule existence réelle — la propriété unique de ce point, summum de l'abstraction, et sa seule préoccupation réelle est d'*attirer* vers lui la matière, mais à mesure que se complique sa personnalité, d'abord pour la création des lois géométriques qui découlent de lui, ensuite par l'application de ces lois à la physique, et arrive à son apogée dans la conscience humaine; son Ame, son suprême et inutile désir d'expansion s'y révèle éloquent et terrible : le *Vertige*.

Dans ce mouvement circulaire où finalement il revient à lui-même, le point ne se forme pas une per-

1. Page 133. — 2. Page 37. — 3. Page 39.

4.

sonnalité, il communique à la matière son empreinte
éternelle d'abstraction. »

Dans les deux portraits cités, la robe même ne dessine plus les plis qui sont la part de l'être vivant dans
la matière qui enveloppe sa *ride de laine ou de soie*.
Elle tombe pesante. Elle nous parle de l'étoffe, de sa
résistance, de son poids et l'on peut dire : voilà un
échantillon de velours, de coton ou de satin, mais on
ne l'attache pas à la chair qu'il couvre. L'amitié est
rompue entre la vie et la substance inerte, chacun
subit les lois, les uniques lois de poids, de l'intime
contraction de la molécule. A côté surgit ce portrait
(*Golberg*[1]) qui m'est cher. Quelle vision ! Là aussi ce
manteau subit déjà sa propre loi, mais le geste domine
l'ensemble. Cet être recule d'épouvante et de colère.
Ses yeux = des flèches et des traits — veulent arrêter
la fatale loi du néant. Il veut résister au silence, il
veut défendre ce reste de chair, ce peu de son moi que
la mort n'a pas encore détruit. Sur ces jambes frêles
éclate un mouvement de force, sur l'assise des épaules
branle la tête révoltée... mais la main — une ligne à
peine — une indication — pend inerte. La mort vaincra ! On sent planer cette pensée que Rouveyre
exprime simplement dans sa note : « Tout ce qui
rompt l'aplomb humain, c'est-à-dire sa communication
directe avec l'attraction centrale, l'éloigne de sa véritable *existence*, le rapproche de sa *vie* et finit par le
tuer; par la nécessité de *vie*, l'homme est morbide —
son *existence réelle* est indépendante de *sa vie*, elle

---

1. Page 43.

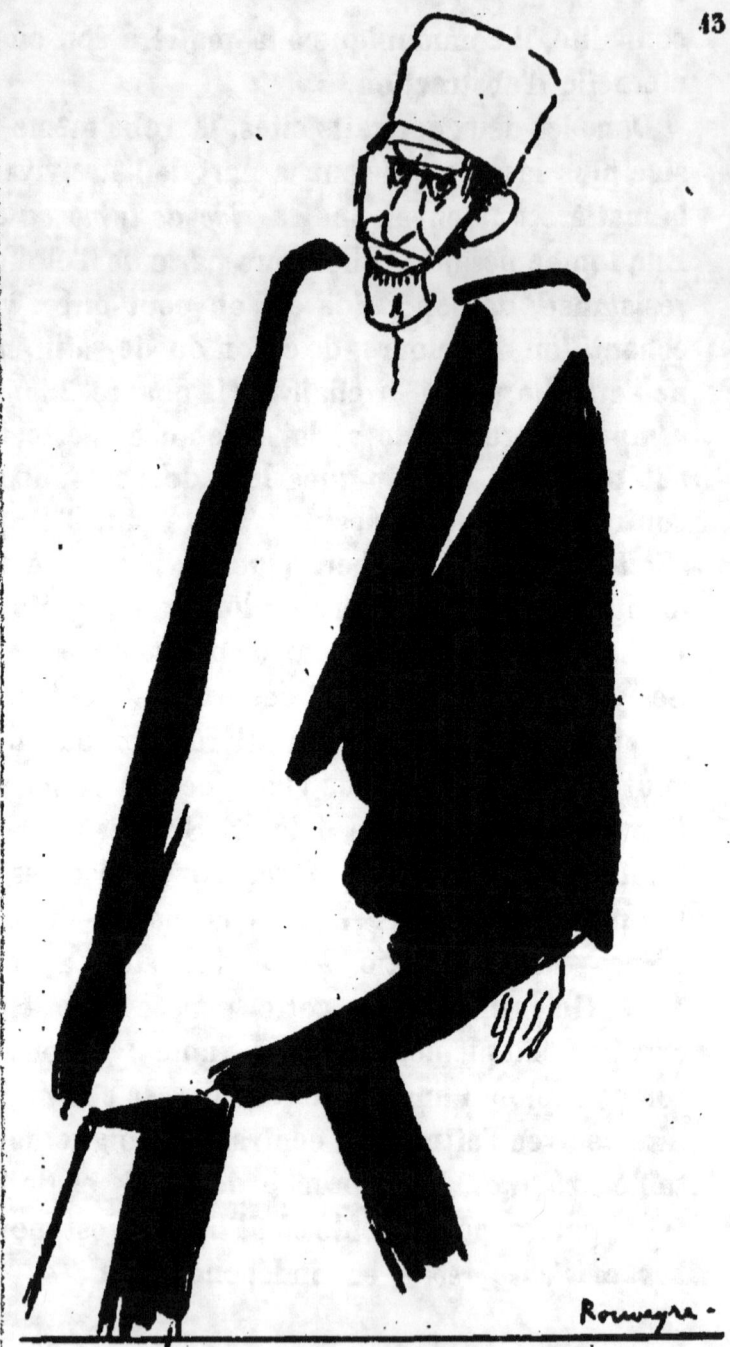

MECISLAS GOLBERG.

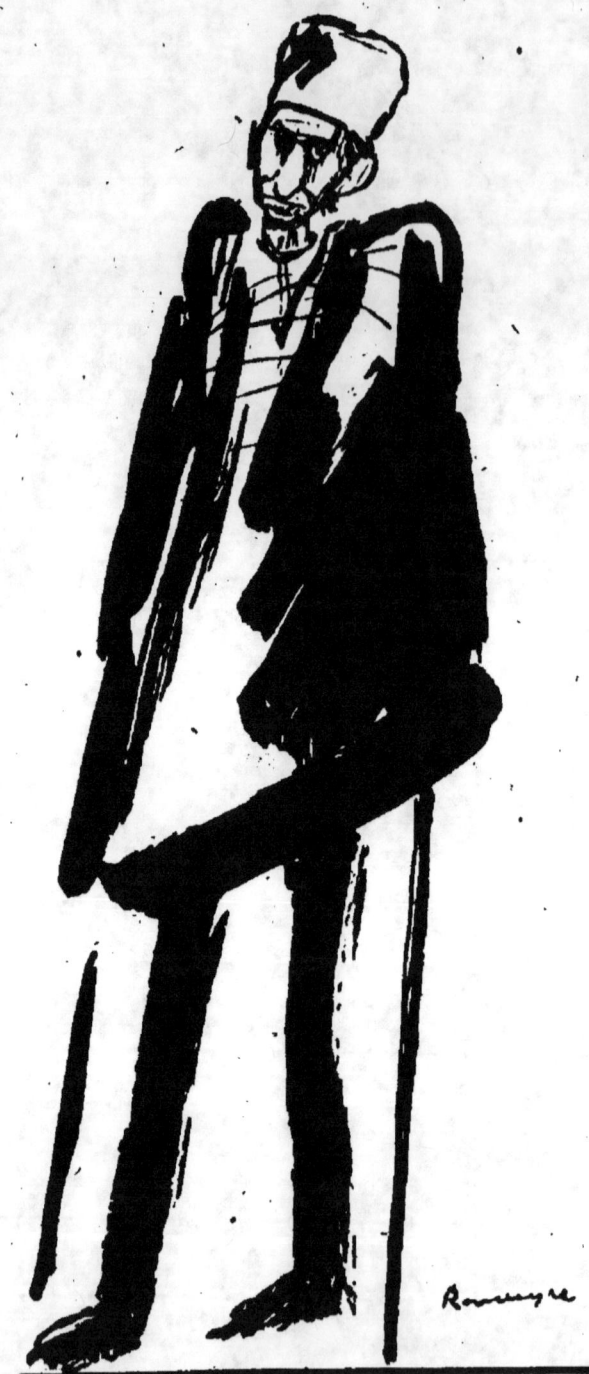

MECISLAS GOLBERG.

réside dans la conscience de son abstraction : Philosophie, Poésie ou Religion ».

Il ajoute : « Nous annotons l'être humain, et par conséquent la morbidité qui jaillit de ses joies autant que de ses larmes, nous en poursuivons la recherche et désirons en noter les manifestations. Il ne peut être question, au sujet de nos dessins, d'attaques systématiques de la forme humaine, pour l'excellente raison que pour nous la forme n'existe pas ou plutôt n'est qu'un obstacle à la manifestation spirituelle de notre âme, obstacle que nous cherchons à écarter mais qui se défend avec une véhémence tragique, se contracte ou s'exalte. » Et en effet le caractère principal de ses dessins est une lutte constante entre l'abstrait qui doit s'individualiser et la matière qui se défend et se déforme pour pouvoir demeurer par confusion et imprécision. C'est le principe tragique de l'art.

Ce qui importe dans la notion tragique c'est l'unité qui doit préexister idéalement, et dont le sens réel est dans le mouvement et la variété. Ces évocations tragiques ont montré que la rupture de l'équilibre n'anéantit pas la vie, l'unité, mais donne au déséquilibré des proportions adéquates, des formes... en mouvement : les plans ont la précision théologale et la lumière a l'appât du mystère. Les figures que nous avons analysées établissent ces rapports : cette suite d'enchaînements tragiques qui rompent l'unité apparente et qui cependant aboutissent à la règle première.

La proportion est le rapport entre la vie consciente et l'inconnu, l'unité vivante. La forme est la consé-

quence de l'équilibre momentané entre ces deux éléments qu'on doit exprimer dynamiquement par des
coordonnées, c'est-à-dire par des séries de points en
mouvement.

* *

Qu'est-ce qu'une figure? Est-ce une donnée fixe,
stable, révélée toujours par des moyens identiques? Est-
ce chair ou ossature? Ame ou esprit ou matérialité?
Que peut-on y lire? Où est la limite de l'exactitude?

Un soir, me trouvant dans une taverne moderne,
j'ai assisté à un accident du courant électrique qui fit
s'éteindre les petits lumignons et obligea d'allumer...
des bougies. Ce passage de l'éclairage cru, égal, fixe,
à un éclairage ombré, vacillant, enveloppé, était
comme un retour vers le ciel de Rembrandt. Tout à
coup, à la place des figures connues ont surgi des
personnages nouveaux. Des fronts sont apparus sou-
cieux, bourrelés, des figures dramatiques fourmil-
laient, des femmes inexpressives sont devenues pleines
d'intérêt, des plans s'allongeaient, se fondaient, dis-
paraissaient, la personnalité se créait ainsi par des
taches, par des plaques d'ombres, par des indications
de surfaces, courbes principalement. Dans les figures
se créaient des îlots de rides, d'expressions tragiques.
Tout à coup le courant revint : la lumière crue,
brute, dévorante, a dispersé les petits elfes qui dan-
saient sur ces faces monotones de la taverne moderne. Rembrandt a disparu! C'était de nouveau Tou-
louse — Lautrec : des surfaces, des courbes, des
plaques de couleurs et des taches!

La lumière moderne et la conscience moderne ont cette mesure fixe et crue qu'on applique aux investigations de l'âme. On ne peut plus ombrer en demi-teinte l'âme moderne. Cela paraîtra faux et même plus... inexpressif, alangui. Les détails sont si creusés, les expressions si fondues que seuls les angles, les lignes obliques et parfois des courbes peuvent les peindre. Daumier était peintre dans ses dessins. Il rendait imprécis le nez de son Robert Macaire, il faisait naître une émotion par l'attente, par le désir de... déchiffrer la silhouette tracée. Un Monnier copie son bonhomme, comme dit Baudelaire. Il le copie avec d'infinis détails des tours de cravate, des boutons de veste, des plis de son pantalon. La figure moderne se passe de ces détails. C'est l'intensité même de la vie qui a simplifié le vêtement, le geste moderne. En tout apparaît la synthèse, le raccourci, mais le raccourci algébrique qui n'a rien de commun ni avec l'estampe de Delacroix ni avec les inexactitudes d'Ingres. On construit la figure moderne comme une maison, de grands portails, de nombreuses et vastes fenêtres, pas de poutres, de dédales, d'inclinaisons de plans, mais des murs minces, solides, le tout en acier et en mortier numéroté d'avance et qu'on assemble sur place,

Comparez cette immense bâtisse d'un Modern House, qui se tient debout et qui n'écrase pas, avec la maison du xvie siècle qui séparait de l'univers, de la lumière, du bruit de la vie, qui vous livrait à la pénombre, au rêve, à la méditation, à l'inconnu. La précision des plans avec le moindre effort de la ligne, la tendance

à angle régulier aux courbes plus proches de l'ellipse
que du cercle, des indications par points, par traits
et enfin la distribution de la lumière par rapport à
l'inclinaison des plans et non selon leur convexité ou
leur concavité, voici le dessin moderne de l'âme moderne. C'est l'isolement superbe de soi, une ligne
sans achoppement bâtard, sans inutile contact ; c'est
l'individualisation de la figure par la simplification et
l'isolement.

Rouveyre définit très justement cet état en disant :
« Tous les individus qui rient se ressemblent, tous les
individus qui sont tristes se ressemblent, tous les
individus qui sont calmes se ressemblent. Voici déjà
trois classifications des physionomies. Ceux qui s'é-
cartent le plus de la physionomie moyenne sont de
deux sortes : ceux que la nature ou les contractions
dues au physique ont pourvus de déformations exces-
sives, ou ceux chez qui la pensée ou l'esprit a enlevé
aux détails de la physionomie toute leur importance
et mis à la place une chose impalpable, spirituelle,
qui ne peut s'exprimer que par des abstractions
qui n'ont plus alors comme rapports avec la construction « réelle » de l'individu ou de son visage que
le strict nécessaire, abstractions qui peuvent à la fois
tenir de tout ce que la science met à notre disposition
pour exprimer le plus simplement, mais aussi le plus
fortement. Les choses matérielles s'expriment par des
surfaces et des volumes précis, les choses de l'esprit
s'expriment par des signes de plus en plus simples
à mesure qu'elles s'élèvent vers l'abstrait. Un œil
judicieux peut délimiter, suivant le sujet, la part qu'il

convient de donner à la précision et aux signes au point de vue de l'interprétation linéaire ou de l'opinion objective. »

C'est la spiritualisation de la vie, mais une spiritualisation dynamique. Les primitifs ont simplifié aussi, mais les âmes étaient figées avec cassure, sans l'idée de durée et de continuité. Chez les modernes la primitivité n'est qu'apparente : c'est le retour à la ligne mais à la ligne en mouvement : descendante, ascendante, récurrente... On se tourne de nouveau vers les arts qui ont évoqué la lumière des plans ; celui de Donatello avec son Saint-Jean, de l'école d'Égine, de Puget, contre les grandes évocations de la volonté sentimentale, volonté magnifique d'éloquence, d'expression, mais aussi volonté faucheuse d'âmes, d'énergies et de forces. Michel-Ange, Victor Hugo, Balzac, Delacroix ou Shakespeare ne pouvaient saisir l'âme vibrante sans qu'elle débordât de joie, de tristesse, de passion. Pour eux tout est spasme, dramatisation par gros plans et grandes phrases. Pour nous, au contraire, tout est ligne, sous-entendu et précision, en même temps signe cabalistique et signe... conventionnel ! La volonté expressive ne nous suffit pas, ne correspond plus à notre âme très compliquée mais merveilleusement ordonnancée. La simplification de la vision moderne amène forcément à deux formules différentes : à la banalisation volontaire de l'expression et à la déformation idéaliste.

Le dessin est, ou une photographie, dans ce cas plus plat encore que la photographie qui, elle, garde sa maigre personnalité, ou bien une véritable création

idéologique, un mystère logarithmique! La vérité
« réaliste » ne vaut plus grand'chose! Les hallucinations de braves gens : hallucinations de l'ouïe, de la
vue, de l'entendement sont d'usage courant, et l'on
n'a qu'à suivre « des poussées » d'opinion, des racon-
tars, des colères de foules, des dépositions de
témoins pour voir que la poutre devient facilement éléphant... éléphant chez la portière... mais
éléphant. J'ai vu des photographies d'un artiste du
déclic qui étaient de vraies créations, des mensonges
magnifiques; des hommes médiocres, sans expression,
figure aplatie, hébétés, apparaissent sur ces clichés
comme des « grands hommes » d'apothéose avec front
éblouissant, un port de tête noble, bouche crispée,
yeux foudroyants d'expression.... Or la photographie
n'était pas même retouchée : c'était de la bonne
réalité...

En art la déformation est la base de toute expression, plus la personnalité devient intense, plus aussi
la déformation se précise, s'individualise pour aboutir
à des formes synthétiques suprêmes, à des formules
de cabale, à des hiéroglyphes, à l'algèbre particulière de l'art.

Cette déformation en simplification devient même
une nécessité à cause du rythme plus intense de la
vie, de l'émotivité plus grande, de la sensibilité plus
idéale, plus autonome, qui interdit l'introduction de
ces éléments primitifs hallucinants qui s'appellent
œuvres d'imagination!

L'*imagination complète la sensibilité* du monde réel;
elle rend plus dynamique, plus expressif le fait de la

vie, mais quand les précisions paraissent, quand les
sens deviennent de simples indications de l'intellectualité, l'imagination n'est plus un complément de la
réalité, mais quelque chose d'anormal, d'excessif et
de faux. Goya avec son âme romanesque et ardente,
Daumier le robuste ouvrier de son époque, pouvaient
subir le charme de l'imagination! Et cependant elle
halète déjà souvent chez Goya! Daumier parfois
recule devant certains excès de la fantaisie, les consi-
dérant comme étant au delà des forces humaines!

Rops, qui paraît un halluciné, est déjà un calcula-
teur du crayon qui construit ses visions sans les
subir. Chez Rouveyre, en feuilletant ses *Carcasses
Divines*, on a parfois la vision d'un sabbat. Parcourez
sa *Monographie d'une Comédienne* ou ses figures de
tragiques.... Il n'y a là ni dragons ni crapauds, et
cependant par moment on se croit en plein enfer de
Breughel, enfer hallucinant des formes et des idées.
Il est évident que Rouveyre, avec son sens de déformation, aurait pu faire « Goya » ou « Breughel ».
Mais il est évident aussi que sa déformation non
bridée par l'idéité, par la recherche, par le sens profondément réel de ses « unités » deviendrait un
débordement d'ahurissantes absurdités, une chevauchée pire que celle de Callot dans la vision de Saint-
Antoine, pire que le Crépitus de Flaubert.

La déformation subirait la loi du désordre, de l'isolement fantaisiste, au lieu de se soumettre à la loi de
la raison, à l'individualisation formelle. Pour éviter
les « horreurs » irréelles, il s'attache à scruter l'unité,
à faire le dépouillement de la personnalité réelle,

5.

vivante, une, et à montrer son principe immuable, sa constante à travers toutes sortes de gestes et de passions où l'individu exerce sa volonté pour accomplir la fatale loi de sa destinée, qui est de réaliser sa « constante » malgré toutes les divergences et toutes les contradictions. Voici pourquoi je trouve la « *Monographie d'une Comédienne*[1] » de haute signification, ce dépouillement de la réalité « une » à travers ses applications multiples. Grâce à ce procédé, à travers des dessins divers et malgré la table variée des expressions et les cahots de la matière, l'individualité se maintient grâce à deux ou trois traits immuables et à quelques courbes indélébiles.

De même cette autre femme, *Actrice*[2], sujet d'une autre série qui depuis l'air aimable, maternelle, jusqu'à l'effacement de la désolation, réapparaît encore comme une volonté qui sait vaincre par l'exagération de la défaite, par des courbes qui se répandent comme les fils de la toile d'araignée, et qu'une main débile tient ferme et sait guider dans leur folie même.

C'est étonnant d'exactitude et de transposition, c'est de la déformation à notre usage, de la déformation faite d'une compréhension réelle de la valeur des lignes par rapport à la stabilité organique : individualité. La ligne devient comme fonctionnelle de la psychologie : elle taille des caractères. Des angles sont affables (*Boissier*[3]), ils frissonnent et paraissent des papillons (*Simone Benda*[4]); ils se posent encombrants, révélateurs et dépouillent la fausse grâce

---

1. Page 141 et suivantes. — 2. Page 127 et suivantes. — 3. Page 61. — 4. Page 59.

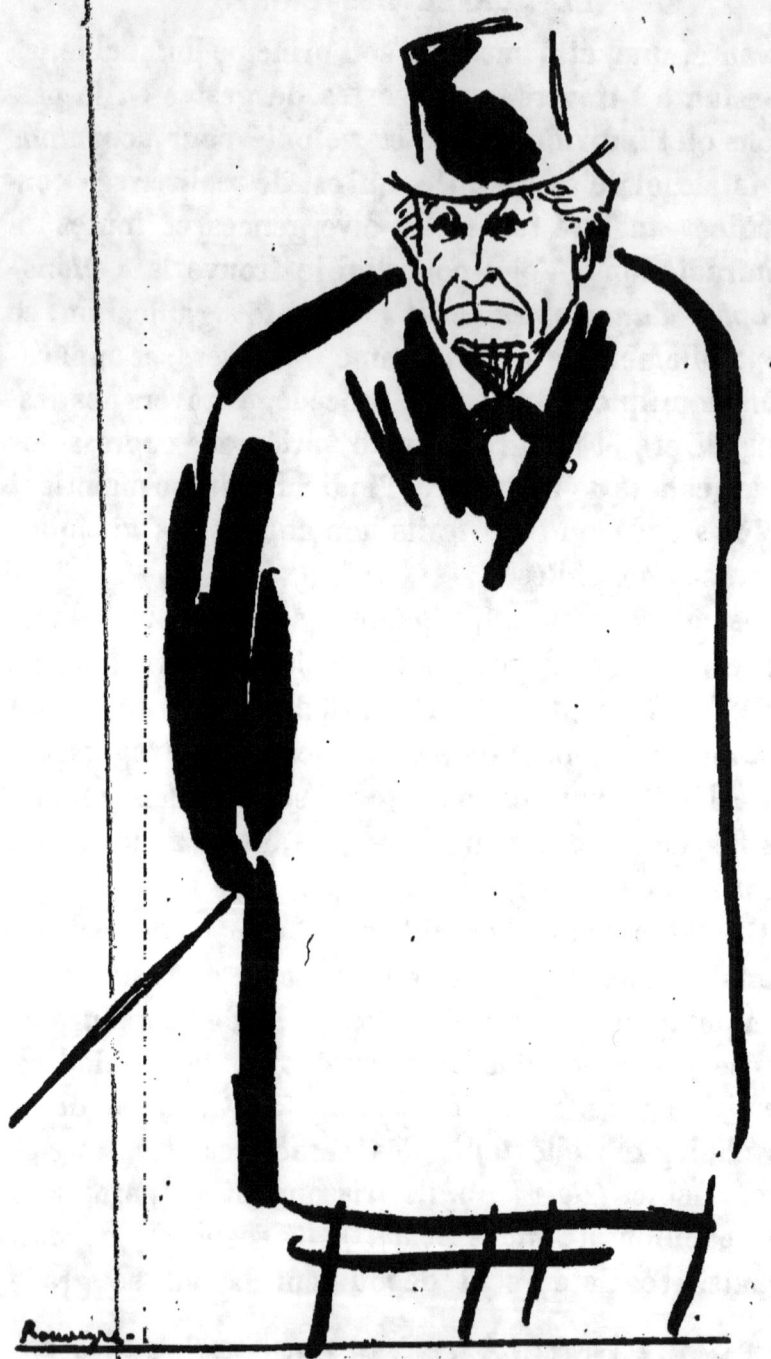

COPPÉE.

acquise, en montrant la véritable dureté, sa valeur comme « résistance » (Sorel[1]).

Parfois des courbes se penchent comme pour saluer les morts (d'Arcourt[2]) ou se disloquent, en contractant des alliances bizarres avec des obliques désolées de se rencontrer avec d'autres qui fuient ou qui halètent. L'irréalité de certaines existences apparaît dans le non-sens de leurs lignes essentielles (Roger Marx) ou dans leur vertigineuse échappée vers l'infini (la Comédienne). Voici une échelle de la volonté : volonté restreinte, naturellement avec un peu de démence et un bon sens qui à la folie donne l'air naturel : des rotondités et parfois une ligne droite, des demi-cercles, des voûtes, des ogives, une solide charpente de paysan qui travaille Paris et ses passions comme il aurait labouré sa terre de Normandie ou d'ailleurs (Renard, Bourget[3]). Dans un cadre fin des lignes basses, des lignes qui descendent content des effrois simples, des restrictions avec un peu de laisser aller... des jugements restreints pour aboutir au petit résultat qui cependant correspond si bien à cet ensemble (Coppée[4]).

Dans les dessins (Simone Benda et Boissier) c'est la fuite légère de l'esprit, lignes imprécises, hâtives, lignes comme de la mousse et qui cependant finissent par créer des formes... angles, sphères. La large ligne décorative des La Gandara, la courbe volontaire des Bourget, le Roger Marx se spiritualisent en traits à peine saisissables et qui toujours aboutissent à une forme : point devenant trajectoire pour se dresser

1. Page 104. — 2. Page 39. — 3. Page 93. — 4. Page 55.

comme personnalité, comme surface à la fin de la
route, au tournant.... Dans la seconde partie de
l'étude nous préciserons certains point de la psychologie de la ligne, mais nous pouvons noter déjà que la
vie se décompose en deux lignes : verticale, esprit;
horizontale, matérialité.

Voici un rapport à établir : des lois à créer entre ces
deux lignes et leurs déformations : spirales, courbes,
obliques, ainsi que des surfaces... planes et sphériques.

La volonté, c'est l'effet du rapport : c'est une courbe;
sa valeur dépend de la tangente : volonté spirituelle
tend à l'angle droit; volonté brute, matérielle tend
à la forme cercle.

Examinons les dessins *Comédienne*, IV, XXIV[1], XXIX,
XXVI[2] : Les XXIV et XXVI, c'est le désordre des courbes qui montent, serpentent, descendent, et finalement s'entortillent autour de quelques obliques qui
leur donnent de l'unité, la figure même n'est qu'une
série de courbes en avalanche qui s'entre-déchirent et
s'entre-dévorent à belles dents! Là, point d'idéité, la
symétrie naturelle entre horizontales et verticales est
rompue; tout n'est que hasard des matérialités et des
appétits. C'est une ligne horizontale en rotation : une
envolée de bestialités simples. Cependant voici près
du cou que paraît une verticale, une autre naît parmi
la fougue du bas de robe. La main a des finesses :
des lignes droites en opposition aux rotondités de
l'ensemble et voici que la même personnalité, pres-
qu'en un cauchemar de la brutalité, s'atténue dans

1. Page 157. — 2. Page 153.

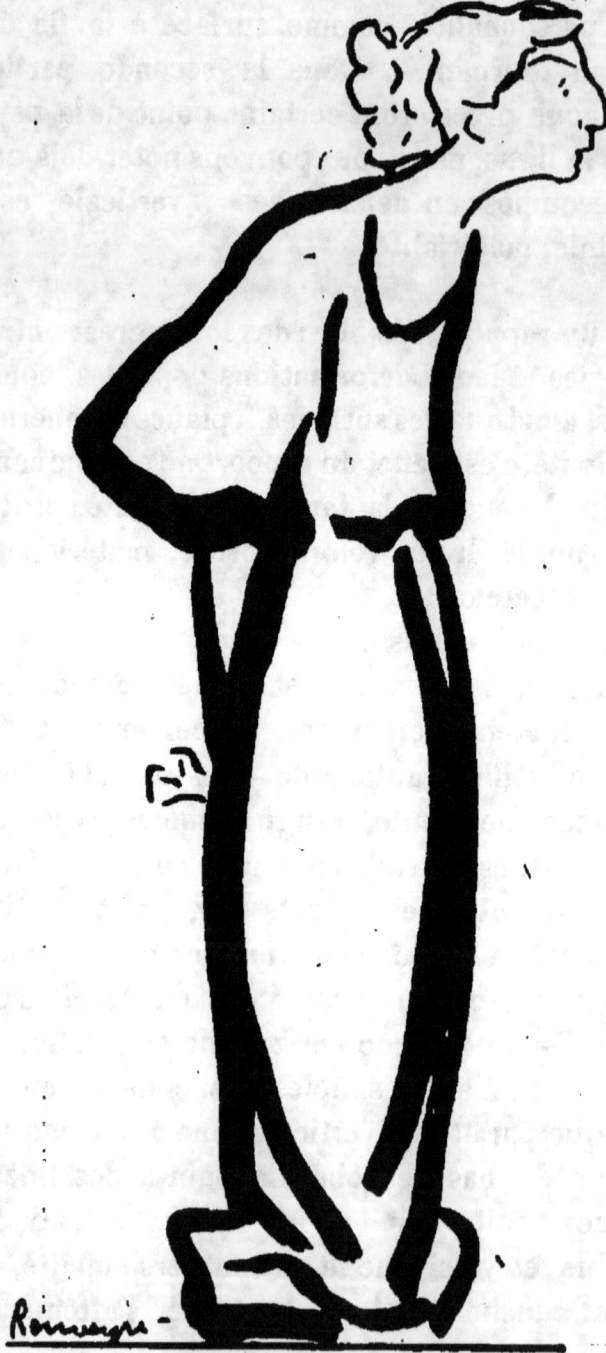

SIMONE BENDA.

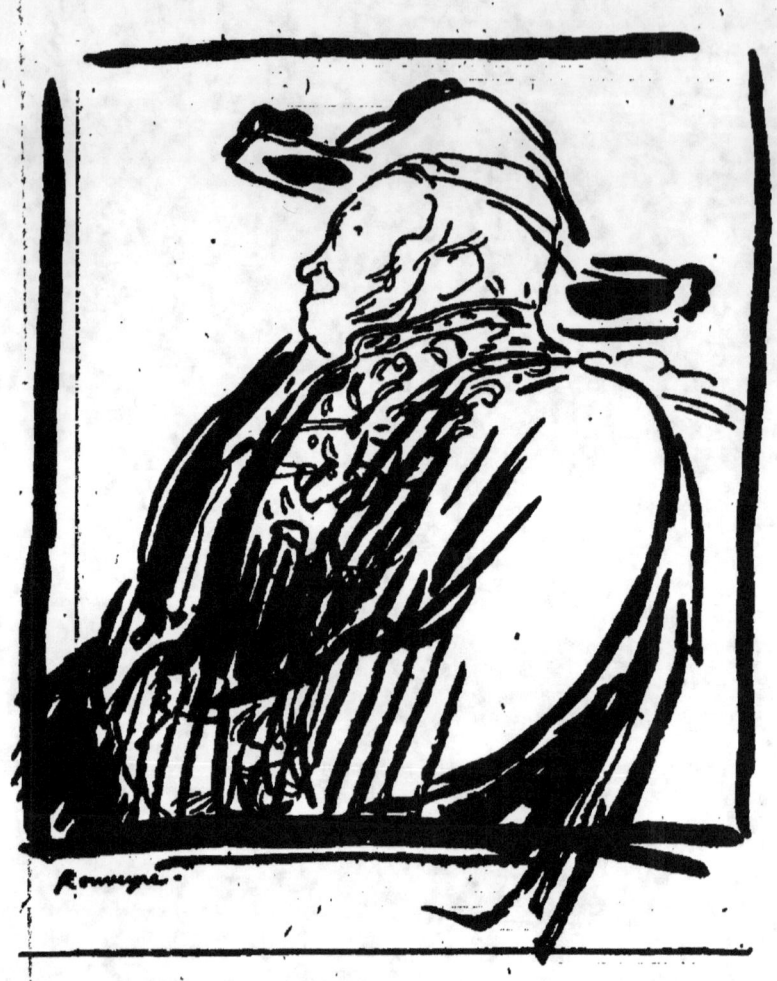

GASTON BOISSIER.

les dessins IV et XXIX. La courbe est dominante, la verticale est une pauvre orpheline, mais cependant les horizontales se redressent, s'atténuent, des angles naissent imperceptibles (IV) et finalement une pauvre âme se dresse cahotée entre le petit rêve, un doux petit rêve de tête, et l'appétit de vivre en matière, appétit féroce qui souvent emporte, sans pourtant submerger les quelques isolées... surfaces où se réfugie la raison, le tact, la mesure....

Autrement s'offrent à notre entendement les dessins *Boissier*[1] et *Simone Benda*[2]. La différence paraît essentielle : le *Simone Benda*, c'est une Tanagra moderne, toute d'impulsion et d'intensité; le *Boissier* une tapisserie genre Louis XIV, à falbalas, habits de fêtes, grands saluts et mots solennels, siècle de la perruque sublime. Or ces deux êtres sont parents, parents par la ligne, par certains traits essentiels, par la constante de chacun d'eux. Regardons les lignes, c'est le même trait fin, des obliques, presque des droites, avec des courbes qui naissent follement en cours de route, s'enflent, grandissent et puis s'atténuent, se redressent, s'effacent et aboutissent à cette surface à peine dessinée, cette extrémité du nez du *Benda* et celle du *Boissier* qui apparaissent comme clef de voûte de toutes ces lignes, de toutes les complications de ces deux êtres. Seulement, regardez de plus près : dans le *Benda* elles partent de la surface et s'éparpillent, se brisent; tout est impulsion, désir de papillon, grande volonté, intuition et petit caprice conscient : il y a là une cassure essentielle, une tana-

1. Page 61. — 2. Page 59.

gra à ligne brisée.... Des vertus, des résolutions, des volitions fourmillent bien posées, précises... mais tout s'enfuit aussi inachevé. Il y a un beau point de départ, ce petit nez retroussé, mais les cérébrations surajoutées... des contre-courants intellectuels, déplacent les lignes, dénaturent le sens, l'intuition de volonté et de finesse aboutit au bruissement des caprices désordonnés, à une conscience en dessous qui fausse le bon « premier mouvement ». Dans le *Boissier* les grandes courbes du cou, la poitrine bombée comme un coussin à décorations, le chapeau se déployant en oriflamme, le menton posé en solide soubassement de cette figure large, ouverte, tout aboutit à ce bout du nez où joue le mystère, où se mire la volonté d'une âme très forte, mais qui a son devenir : « la sublime perruque » avec une poussière de sourire infime, un soupçon. Là nous ne trouvons plus de hiatus, tout se continue selon la grande loi de la vie, les matérialités peu à peu se relèvent, les courbes s'effacent sans brusque rupture, les obliques paraissent quand les lignes s'approchent de l'esprit, et enfin tout se relie à une surface à peine dessinée du nez qu'éclaire magnifiquement une ligne, la verticale presque en angle droit, le sourire.

Nous sommes partis de l'obscur pour aboutir à l'idéal, presque au schéma que nous indiquions dès le début de cette analyse : tout n'est que rapport ou inclinaison entre verticale et horizontale.

Dans d'autres dessins la même loi se manifeste, celle de la ligne en mouvement, de la ligne trajectoire qui, par une série de déformations, c'est-à-dire l'abstractions linéaires, aboutit à une formule d'ensemble, à un schéma organique : individualité vue par ses constantes à travers les hasards de la vie, malgré la pacotille de chaque jour. Le dessin de Rouveyre est une recherche de l'équilibre nécessaire à la vie, à la volonté dans le déséquilibre constant de la vie réelle : déséquilibre qui va du tragique né par la spiritualisation des lignes courbes ou matérialités, jusqu'au grotesque où, au contraire, la ligne droite se décompose et cède place aux rotondités primordiales de la matérialité. M. Bergson dit que l'art du caricaturiste est de deviner « sous les harmonies superficielles de la forme, les révoltes profondes de la matière »[1]. Cet art, Rouveyre a su l'appliquer à la substance même de la vie. Il a su non seulement deviner les révoltes profondes de la matière, mais le rapport constant, l'équilibre nécessaire pour rendre possible l'unité biologique — individu — malgré le déséquibre perpétuel dû aux chocs et révoltes inévitables des spiritualités qui individualisent contre les matérialités qui confondent et effacent. Nous avons parlé du tragisme essentiel de l'art de Rouveyre. Nous allons analyser une particularité de ce tragisme, *le rire*, qui n'est qu'une forme spéciale de la rupture de l'unité, un cas particulier de nos disproportions et de nos douleurs. Le rire de Tersias accompagne les plaintes d'Iphigénie. Edgar accompagne le roi Lear, et Louis XI, absorbé par de sombres terreurs, aimait le rire idiot des nains et des difformes.

---

1. Signification du comique. *Le Rire*, p. 27.

# LE RIRE

Le rire... plastique existe dans toute œuvre d'art,
Certains contemporains de Phidias aimaient à rire
devant les œuvres de ce « fumiste » ami de Périclès ;
on a ri, on rit encore parfois devant la Joconde de
Vinci ; on a cru devoir se dilater la rate devant les
tableaux de Manet ! Cela est du rire... qui préserve,
mais qui ne présage souvent rien de bon. Phidias à
force de faire rire fut traité de sacrilège et de voleur,
Manet de fou, Vinci de vicieux et de traître. Et cela
ne fait plus rire !

En dehors de ce rire... jaune, il reste le vrai rire
ès-arts plastiques. Sa cause, qui saurait la définir avec
justesse ?

« Je crois, dit Rouveyre[1] qu'une des causes du rire
« en plastique est la rupture des rapports établis
« entre les surfaces et leur éclairage. Les masques
« expliquent ma pensée (croquis[2]). Le rire devient le
« déplacement des valeurs. *Il est, comme la tristesse,*
« *une sorte de rupture d'équilibre entre l'expression et*
« *la forme.* Cette inconséquence s'obtient par l'exa-
« gération des plans, par simplification des lignes,
« par disposition des ombres, par déplacement des
« lignes grossies ou amincies ; par l'exagération d'une

1. Réponse a une interview du *Figaro*, 1906.
2 Page 70.

« expression; par la réduction de l'expression à une
« déformation linéaire.

« Nous croyons pourtant que la véritable loi du rire
« est dans la synthèse des plans principaux, qui de-
« viennent des valeurs à condition que cette synthèse
« ne soit qu'un rapport entre le jeu d'ombre et de
« lumière sur les plans. Ce que nous exprimons dans
« notre croquis, où les formes géométriques changent
« leur valeur suivant les rapports du clair-obscur. Loi
« où une vision synthétique du clair-obscur des plans
« passe depuis la simplification de la folle joie jus-
« qu'à la vision de la tristesse, en passant par le calme.
« Ce croquis montre qu'il ne suffit pas d'établir une
« erreur géométrique d'une figure pour créer une vé-
« ritable œuvre d'art, dans le domaine du rire! La
« géométrie de la figure enlève au rire plastique sa
« profondeur et son émotion. Il faut revêtir les plans,
« synthétisés grâce à la lumière, éclairés par la dis-
« tribution des ombres, rendus linéaires par ce mi-
« roitement fugace qui, sur un point quelconque de
« la figure (et par extension sur l'ensemble de
« l'homme) fait surgir ses profondes vérités. Il faut,
« dis-je, les revêtir d'expression, d'émotion, d'huma-
« nité. Il faut, à travers le sabbat des lignes, montrer
« que ces visages nous appartiennent et ont gardé
« notre âme.

« Le rire, comme les larmes, pour émouvoir doit
« être vrai. Il faut qu'il soit la synthèse de l'erreur
« que chacun porte en soi et de la vérité qu'il exprime
« malgré tout. »

Le rire compris de cette façon a l'origine « satanique » dont parle Baudelaire et que constate aussi M. Bergson en disant : « L'art du caricaturiste a quelque chose de diabolique, relève le démon qu'avait terrassé l'ange. Il y a dans la déformation du rire une part de mysticisme outrancier et de cruauté réfléchie. » Il y a des rires qui ne peuvent naître que par l'au delà du tragique, par l'exagération de l'élément tragique qui n'est plus dans la mesure ordinaire de l'entendement. Le rire des assistants d'une exécution devant la gaucherie du bourreau ou de la victime, le rire devant l'infirmité irrémédiable, grave, sont de cette nature. Les pays du soleil, l'Espagne, l'Italie, ne rient que par cruauté. C'est ainsi que se manifeste leur bonne humeur. La première chose qui les frappe dans la rupture de l'équilibre, c'est sa difformité, ils rient! Ils ont la notion des cadavres ridicules et des mourants qui font naître les éclats de bonne humeur par leurs torsions et leurs gestes.

En Espagne Cervantès a créé le grand comique, Don Quichotte, et Goya le grand comique « empalé » : « Le grand mérite de Goya, dit Baudelaire, consiste à créer le monstrueux vraisemblable. Ses monstres sont nés viables, *harmoniques*. Ils ont « de l'humanité. » Or le rire est essentiellement humain. Il n'existe pas hors de notre race.

Il est évident que le rire, comme tout, se prête à l'eau de rose!

Il y a du bon rire familial qui est le faux rire, le gros rire, le rire-secousse, enfin qui est la « caricature » du rire.

Les Monnier, les Henriot, les Grévin ont semé de

petites secousses comme Paul de Kock et Murger ont écrit de jolies pages à l'usage de M. Prudhomme. La caricature peut aussi être guimauve comme la peinture, la philosophie et la littérature. Son procédé est simple : elle fait des museaux, des faux nez, des bosses, des nègres et... des légendes longues pour expliquer le dessin et faire rire encore un peu. Mais, à part cet art désopilant, il y a la caricature, forme spéciale du déséquilibre, le dépouillement particulier des contradictions humaines qui dépassent l'émotivité courante.

Le dessinateur vraiment artiste crée des caractères, pose des individualités, parfois il est simple historien. (*Benda*[1], *Boissier*[2], *Coppée*[3], *Renard*, *Carrière*[4], *Rachilde*.) Parfois il aperçoit la difformité tragique, le signe de souffrance, l'émotivité. (*Sarah Bernhardt*[5], *Moréas*[6], *Golberg*[7], l'*Actrice*[8] et la *Comédienne*[9].) Mais il y a aussi la rupture d'équilibre difforme qui ne fait qu'établir « la disproportion » sans émouvoir, c'est la caricature proprement dite. Nous la trouvons dans les *Roger Marx*, *Sorel*[10] de face, *Granier*, *Metchnikoff*. On y voit le déséquilibre : des courbes et des obliques pêle-mêle, ou bien des courbes dominantes ou des droites trop exclusives. On voit aussi dans la même personnalité les trois éléments : équilibre, déséquilibre tragique, déséquilibre comique; ainsi les planches, *Comédienne I*[11], *II*[12], *XXIII*, sont nettement comiques, le XIV est à la limite des deux, le XXXV[13] et surtout le XXXIV[14] sont profondément tragiques.

1. Page 59. — 2. Page 61. — 3. Page 55. — 4. Page 117. — 5. Page 35. — 6. Page 95. — 7. Page 43. — 8. Page 127. — 9. Page 141. — 10. Page 83. — 11. Page 141. — 12. Page 143. — 13. Page 149. — 14. Page 179.

Nous retrouvons le même fait dans l'*Actrice*[1]. En général la caricature suppose une tragédie insuffisamment éclairée, une disproportion née de l'éclairage du jeu de lumière, de l'insuffisance, voulue ou non, qui établit des hiatus. Le même fait qui est « caricature » devient un tableau qui glace d'horreur si la trajectoire normale de la rupture du déséquilibre est établie. La caricature n'est donc pas seulement « satanique » ! Elle suppose, en plus des troubles volontaires, des inexactitudes nécessaires sans doute, mais qui rompent l'unité. *Le rire enfin est le hiatus de la douleur.*

Voici pourquoi l'art fondamental de la vie est dans le tragique dont le rire n'est qu'un côté, une forme spéciale. Nous avons parlé de la réalité, de la déformation et du rire exprimés par la ligne. Nous tâcherons maintenant, en nous basant sur les dessins reproduits dans ce volume, d'établir quelques lois de l'expression ou la morale de la ligne.

1. Page 127.

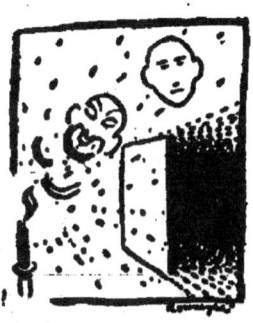

# GÉOMÉTRIE DE L'AME

La ligne est le principe essentiel, la condition palpable de l'existence de la matière.

On peut par abstraction ne concevoir que la masse : matière difforme, alinéaire, mais si l'on conçoit la durée, la vie, le mouvement, on doit limiter les plans, c'est-à-dire concevoir la ligne.

Le but de notre étude à propos des portraits et des recherches plastiques de Rouveyre était d'établir que la matière difforme, la nébuleuse de Spencer ou le chaos de la philosophie ionienne, pour se manifester, pour prendre conscience de leur nature par l'apparition des angles et des lignes.

L'art s'affine et se précise, devient plus autonome et plus près de la normale intellectuelle en remplaçant la notion masse par la notion ligne. A l'origine, l'art est linéaire : la vision plastique des primitifs insulaires de la Crète, ces précurseurs de Phidias et des Doriens, est toute en lignes et en ronds. Les enfants, comme les primitifs, n'ont que la vision plastique pure immédiate ; ils dessinent en cercles et en lignes.

Plus tard, quand le sentiment, le rêve, la prescience de la vie s'ajoutent à la vision purement plastique, les surfaces se fondent, s'arrondissent, des creux paraissent, des demi-teintes, des raccourcis colorent et rendent plus intense la vérité esthétique. Cepen-

dant après ce détour sentimental de l'art on doit,
après des siècles de recherches, aboutir à la vision
linéaire, non plus d'origine primitive par défaut de
moyens d'expression, mais justement grâce à la notion
plus intense, grâce au perfectionnement des procédés.
Gauguin qui simplifie des plans a de vagues analogies
avec un dessinateur inexpert des cavernes, parce que,
comme ce dernier, il voit simplement et d'une façon
immédiate.... Seulement tandis que le second a la
vision purement linéaire par insuffisance, par naïveté, l'autre la possède par culture, par maîtrise des
moyens dont son art dispose.

Ce côté m'a frappé chez Rouveyre. Plus il scrute
une figure, plus elle se simplifie, plus la ligne devient
pure, plus tous les moyens d'expression se résolvent
en courbes et en angles.

Un premier dessin paraît presque sentimental, avec
un choc des lignes, comme une écorchure de la peau,
pour soulever le mystère du sang : tel *Golberg*[1], *Barrès*[2],
quelques *Comédienne*[3], *Bartet*[4], l'*Actrice*[5]. Mais aussi-
tôt qu'il a pénétré dans l'âme et que sa vision morale
s'est fondue entièrement avec sa vision esthétique, les
grands plans paraissent, les ombres et teintes sont
des vagues de courbes, des jeux d'angles, les émotions
se patinent, l'individualité se résout en un point, en
un carré de chair, en une hyperbole.

Il sait ne pas commencer par les ronds et les lignes,
mais il y aboutit en grattant la chair, en sondant les
yeux, en faisant à son tour l'Écorché....

De cette façon la ligne devient le principe banal,

1. Page 43. — 2. Page 113. — 3. Page 141. — 4. Page 37. — 5. Page 127.

nécessaire, de son esthétique, sa phrase essentielle.

En général, plus la vision s'intellectualise, plus ses plans se simplifient. La conscience de la vie agit sur l'esthétique comme l'âge sur la chair qu'il émacie, comme le vent de la mer sur les rochers qu'il revêt d'une teinte rude et sobre, comme la vague marine sur la rocaille de la rive qu'elle rend simple et douce.

Les lois générales mènent partout aux mêmes résultats. La grande ligne universelle est monique et l'art ne peut échapper à la règle qui veut l'assouplissement et la simplification dans l'intensité et le mouvement.

En musique on ne s'étonne pas de la définition allemande : la musique est une arithmétique sonore. Or on hésite devant la définition cependant plus éclatante des arts plastiques : synthèse des rapports des plans.

Plusieurs savants ont pressenti l'idée géométrique de l'art. Wundt[1] établit déjà le rapport esthétique, sentimental entre les lignes verticales et horizontales : « Les distances verticales apparaissent comme plus grandes que les distances horizontales de même dimension. »

La notion du volume est, dans ce cas, subordonnée à celle de la ligne. Il considère, selon la loi Listing, que l'œil qui se meut librement dessine une courbe légèrement onduleuse qui est la ligne esthétique.

Selon M. Séailles[2], « la ligne horizontale éveille

1. *Psychologie physiologique*, tome II.
2. *Essai sur le génie dans l'Art*, p. 210.

l'idée du repos, la ligne verticale l'idée de l'action ».
Une surface convexe repousse l'œil, une surface concave attire l'œil. C'est que toujours les surfaces
convexes semblent se recourber pour la lutte, pour la
résistance, et les surfaces concaves s'ouvrir pour se
laisser pénétrer. La poitrine se bombe en face de
l'ennemi, dans le recueillement qui précède l'attaque;
le dos se courbe pour résister au poids d'un lourd
fardeau; le poing se ferme et se jette en avant dans la
lutte; le pont se voûte au-dessus du fleuve. Au contraire, la main qui s'ouvre s'est désarmée, le vase
attend l'eau qui l'emplit, la porte ouverte ne résiste
pas à celui qui la franchit. Convexe, le ciel semblerait
nous repousser, concave, il invite le regard, il l'appelle, et l'œil s'élance librement dans ses espaces. De
là l'impression que produit le vaisseau des grandes
cathédrales; perdu dans le demi-silence d'une lumière assoupie, diminué devant des hauteurs qui le
forcent de baisser les yeux, l'homme éprouve un sentiment d'humilité; mais son regard suit les lignes qui
se recourbent, monte avec elles, est entraîné dans
leur élan, s'empare du vaste espace qui s'offre à lui,
et au sentiment de petitesse se mêle le sentiment
d'une grandeur infinie ».

* *

Nous ignorons encore les formules mathématiques
des arts plastiques, mais nous pouvons apercevoir
certaines lois indélébiles en analysant des œuvres
significatives, en y appliquant la loi historique, la loi

intellectuelle et la loi sentimentale. Voici pourquoi il est bon de comparer les moyens d'expression en plein moyen âge et au xxᵉ siècle ; il est bien aussi de déchiffrer les valeurs idéales d'un Callot et d'un Rouveyre, établir la différence entre la philosophie de Rembrandt et tel dessin de Sem.

Déjà en feuilletant la géométrie on trouve de précieuses indications pour les constructions esthétiques. Je ne parle pas d'architecture. Personne ne nie, dans cet art, la valeur des lignes, des brisures, des courbes.

Mais la simple inspection d'une hélice, d'une ellipse, d'une trajectoire, d'un cylindre ou d'un cône, d'une tangente et de ses rapports, suggère des idées d'esthétique, robustes, indépendantes de la sentimentalité passagère, d'une émotivité momentanée : *la section d'un cône de révolution par un plan parallèle à une génératrice est une parabole*, ou bien *la section d'un cylindre et d'un cône de révolution par un plan qui rencontre toutes les génératrices est une ellipse.*

Ces deux lois appliquées dans le mystère des chairs, s'adaptant à des règles de stéréochimie, d'embryogénie, en combinant physique et biologie, créent la forme, la figure qui devient « miroir de l'âme » pour les uns, principe de l'esthétique pour les autres.

C'est ainsi sans doute que l'anthropologie a pu établir la loi de l'angle facial, des mesures crâniennes, des courbes vertébrales. C'est grâce à des lois mystérieuses des courbes que changent les races, les peuples, les espèces, c'est grâce à elles que naissent des individualités, des unités plus ou moins précises, plus ou moins résistantes.

La vision linéaire tient compte et de la force et de la matière ; elle s'adapte à la plasticité de la vie et par conséquent, tout en ayant l'exactitude presque mathématique, elle participe de l'impression nécessaire au phénomène biologique. Il y a des lignes essentiellement humaines qui n'appartiennent qu'à notre espèce : courbes vertébrales, courbes des hanches, courbes céphaliques, nosales, orbitaires ; il y a des angles de l'humanité et des angles des ophidiens ; il y a des rapports entre droites, obliques, courbes, cercles qui n'existent que chez l'homme, et d'autres que chez certains hommes.

La loi établissant que la projection d'un cercle sur un plan est une ellipse n'est pas seulement une loi de géométrie mais aussi celle de Delacroix, de Phidias et même des moralistes. Grâce à elle, s'établissent des sélections, des classements, des groupements. Il y a tout un mystère biologique derrière la règle de Poncelet :

1° *Les tangentes menées à l'ellipse sur un point extérieur font des angles égaux avec les droites qui joignent ce point aux deux foyers ;*

2° *La droite qui joint le point extérieur à l'un des foyers est bissectrice de l'angle formé par les rayons vecteurs qui vont de ce foyer aux deux points de contact.*

Toute architecture vivante a, comme la corde acoustique, ses nœuds, ses points morts, elle a ses centres de polarisation, ses intersections essentielles, de même que la section d'un tunnel est « généralement » elliptique ou ovale, que la voûte des ponts est cylindrique, celle des ponts suspendus est une parabole, que celle du Panthéon établie par Rondelet est faite de grands arcs (ellipsoïde allongé, voûte sphérique, système dit chaînette) celle du Panthéon de Rome hémisphérique, de même la courbe du crâne, la voûte de la bouche et mille autres courbes, jonctions croisements, de l'architecture humaine établissent et le caractère général de la matière et celui de l'espèce, et celui de la race et celui de la personnalité.

Regardez le paysan de la Beauce avec son dos en voûte, ses grandes courbes du nez, ses membres noueux et comparez-le avec le Breton trapu ou le montagnard nerveux : vous devez vous incliner devant la loi géométrique qui dénonce pour ainsi dire la plasticité des formes, leurs rapports, leur usage, leur durée.

Il y a des figures où ces aboutissants séculaires sont momifiés, pétris, localisés. Ils surgissent dans une courbe qui déchire la figure, dans une bride de l'œil, dans un carré de chairs, d'os qui semblent un îlot dans l'ensemble, un îlot qui lutte contre la personnalité, qui la surmonte, qui pèse, qui parfois éclate, comme une tare, comme un retour à l'ancêtre, comme une folie (la *Comédienne*[1]), ou bien qui pose sa loi à l'ensemble (*Bartet*[2]), souvent tout en conservant ses beaux plans de primitivité naturelle : les os plats, solides, vêtus de beaux muscles, l'ensemble donne des valeurs morales complexes : la ruse de paysan ou la

1. Page 141. — 2. Page 37.

finesse de penseur, qui se synthétisent en un point,
mort, point central devenu le résumé de l'harmonie
solide entre le sang et la personnalité (*Boissier*[1],
*Benda*[2]). Parfois les courbes changent de rapports,
elles montent, elles grimpent vers le soleil, vers la vie
(*de la Gandara*[3], *Madame de Noailles*) ou bien se
voûtent, se compliquent, s'embrouillent dans la matérialité immense où l'âme battue par le sang veut se
noyer éperdue, supérieure à sa tare et pourtant
vaincue (la *Comédienne dansante*[4]). Regardez les deux
vieillards : *Metchnikoff* et le *Pape* : les deux dos voûtés
de ces Atlas ne portent pas les mêmes sphères. Rouveyre a su, consciemment ou non, isoler les deux
principes : race et personnalité, montrer leur histoire,
la tragédie de leur conflit. Il a su créer des figures
subissant la règle de la matière inerte, et celle de la
matière que les âges ont formée et celle aussi où la
volonté chante sa victoire, avec ses maux, ses triomphes, ses martyrs. Quelles pages de géométrie morale
que la courbe du *Barrès*[5] avec la main qui écorche la
chair et la pétrit, et celle du *Anatole France*[6] où la
patine de la vie a mis son voile, celle du *Golberg*[7] où
tremble la colère, du *Bergson* qui se débat chétif
contre l'idée, du *P.-E. Vibert* attentif chercheur d'art.
On voit la ligne spirituelle faite de plans droits, avec
des courbes que dominent les lignes du haut ; les
verticales, avec le cercle brisé et l'arc élargi pour
s'approcher de la droite. A côté, les matérialités
s'enflent en lignes grosses qui s'approchent de

1. Page 61. — 2. Page 59. — 3. Page 79. — 4. Page 159. — 5. Page 113.
— 6. Page 121. — 7. Page 43.

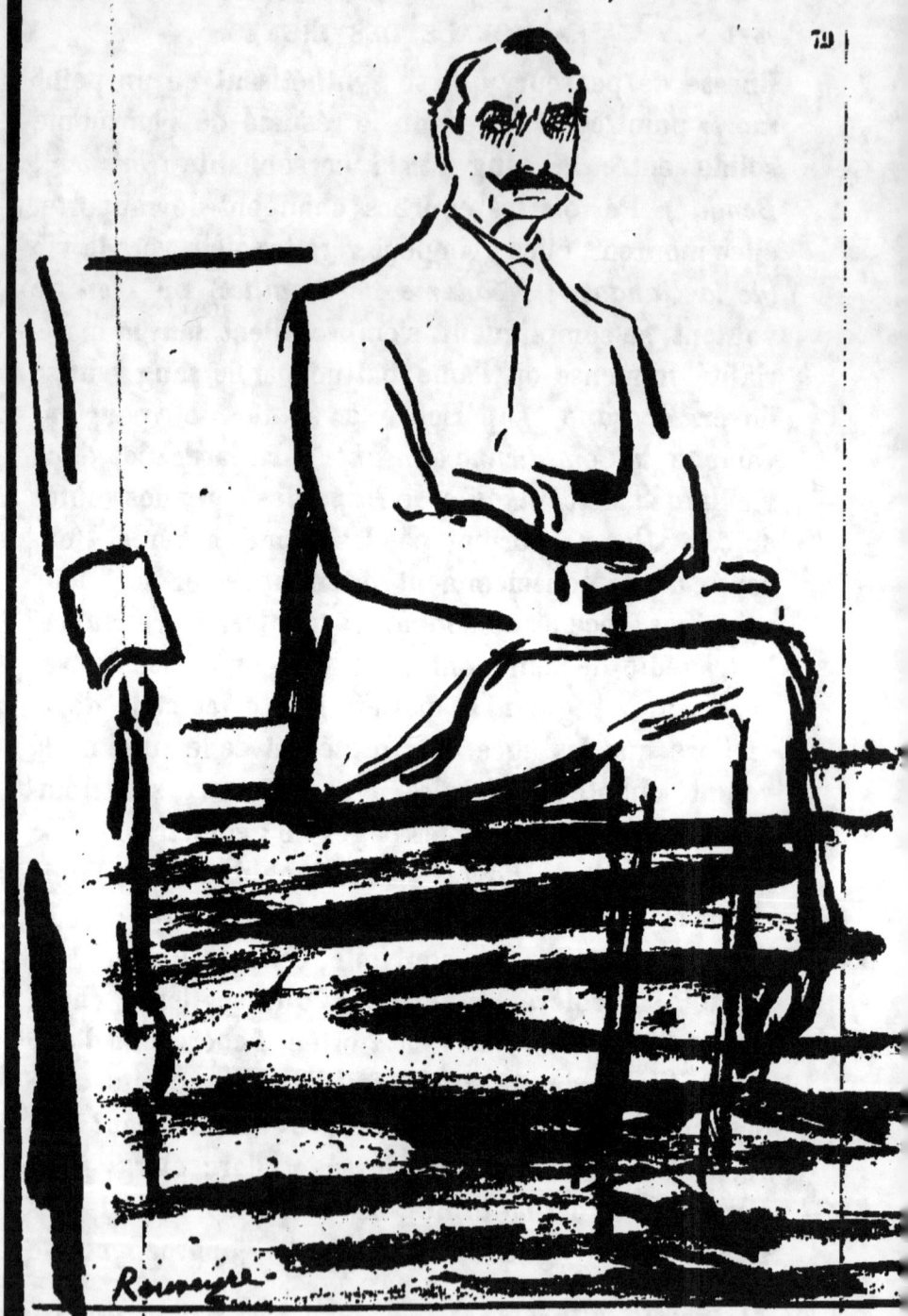

A. DE LA GANDARA.

l'ellipse et veulent s'étendre pour gagner en surface.

Il a même montré que ni la spiritualité ne suppose la pensée, ni la matérialité, la stupidité. Les grosses lèvres du *Metchnikoff*, la ligne de sa barbe, l'ensemble est construit par des plans de la matérialité, tandis que *Simone Benda*[1] est plus proche de la spiritualité que le savant, elle dont l'architecture est faite avec des traits et des angles qui lui donnent un aspect de spiritualité très fine. La première figure est celle d'un gros savant, la seconde celle d'une femme nerveuse, sensuelle, raffinée, sans nulle prétention de bouleverser l'intellectualité moderne.

Toute forme de la vie peut supposer ou l'énergie spirituelle ou l'énergie matérielle.

La sexualité de la *Comédienne*[2] est forte : lèvres, ventre, courbes horizontales. A côté, cette statuette de Tanagra (*Simone Benda*), suppose des raffinements et des recherches qu'annoncent les lèvres minces, les yeux bridés, les hanches plates.

L'objet immédiat de la volonté a peu d'importance : un boucher ou un médecin, Pantagruel ou Victor Cousin, Nana ou Lucrèce, peuvent être plus apparentés entre eux, au point de vue du caractère essentiel que Bichat et Diafoirus, Nana et Bilitis, Pantagruel et Lucullus.

L'art doit non seulement établir l'individualité de chacun, la loi des rapports entre la vie présente et le passé, le raccourci des races et des personnalités, mais aussi le caractère essentiel des volontés analogues.

1. Page 59. — 2. Page 141 et suivantes.

Une ligne des lèvres, une courbe du dos, un mouvement de la main bien précisés créent des parentés inattendues, mais réelles cependant entre les énergies les plus variées.

L'art dépouille et fixe. Il donne du relief à la réalité primordiale et, par conséquent, il tient peu de compte de nos conventions et de nos apparentes vérités. Rouveyre, dans la série de ses recherches cruelles souvent, si affolantes parfois par l'inattendu et la vérité qui éclate dans un trait ou dans une ligne, établit une échelle, une courbe des valeurs réelles, des âmes et des énergies. Un des premiers il veut déchirer le voile sentimental et rendre à l'art sa précision presque mathématique. Voici la valeur réelle des sujets créés et évoqués par lui : ni le titre, ni la profession, ni la gloire, ni la « beauty » ne les préserve contre la loi des courbes et des plans ; une si jolie femme s'écroule dans le burlesque (Sorel[1] de face) ; ce petit laideron brille comme une étoile (Suzanne Després[2]) ; la femme qu'on croyait spirituelle est une pauvre épave, et ce fier savant, un inquiétant cérébral.

Trois règles essentielles apparaissent dans les dessins de Rouveyre :

1° Loi de la durée et de la persistance de la matière qui se manifeste soit comme tare (la Comédienne), soit comme plan de soutènement (Bartet[3]) et prend la forme de plan et rapport fixe (nez des Sorel[4]), lignes récurrentes (l'Actrice, la Comédienne), rapport entre épaule et tête (A. de la Gandara[5]) ;

1. Page 85. — 2. Page 85. — 3. Page 55. — 4. Pages 85 et 101. — 5. Page 79.

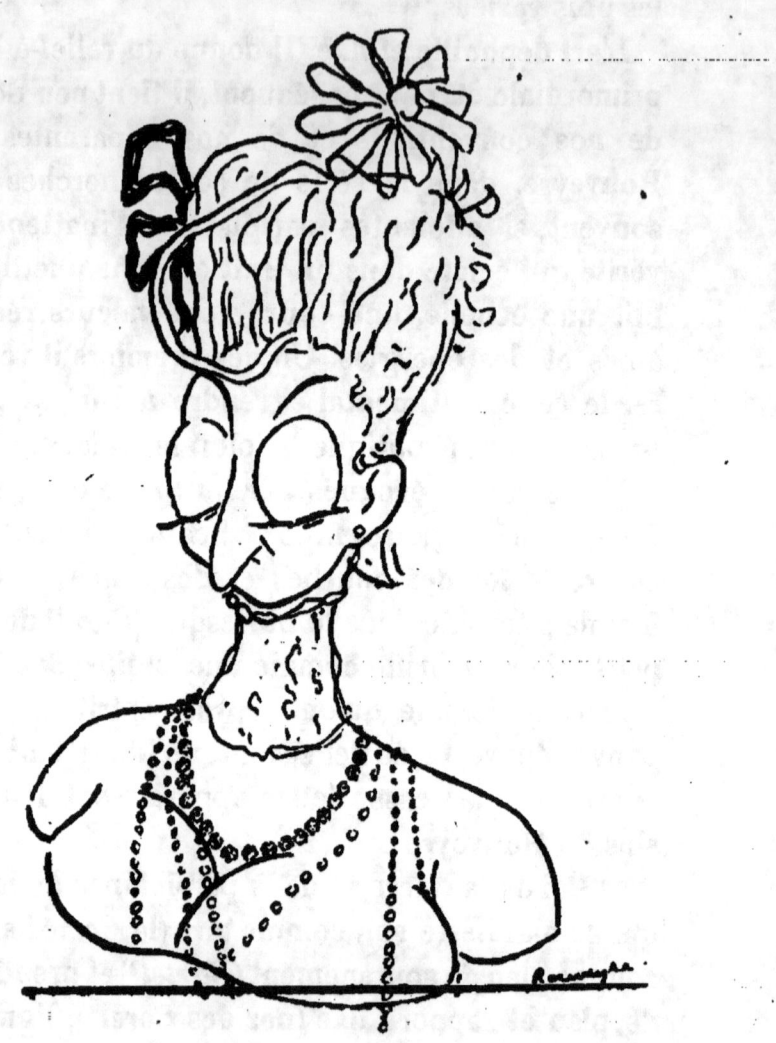

SOREL.

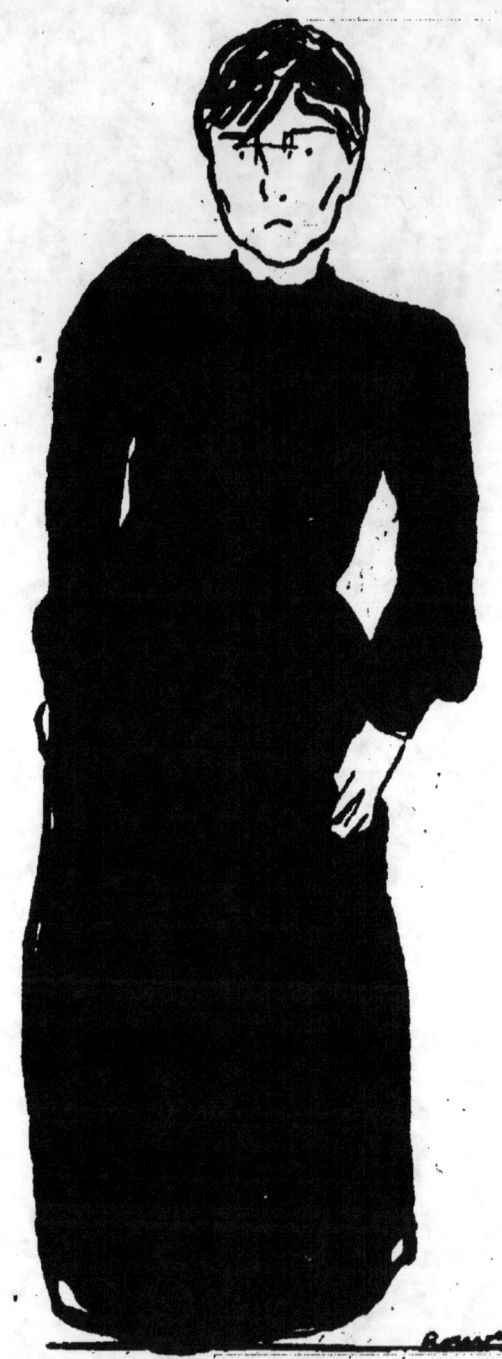

SUZANNE DESPRÉS.

2° Loi de la personnalité en conflit avec les plans fixes, le passé : la *Comédienne* et *Bartet*, en concordance : *Boissier*[1], *Benda*[2], *Berthelot*;

5° Loi des parentés individuelles indélébiles : matérialités, lignes courbes à tendance horizontale, spiritualités, lignes courbes à arc ouvert, à tendances vers l'angle droit.

Mais le plus intéressant est le rapport de ces trois lois, leur conflit, leur dynamie : la volonté.

Nous allons voir comment et en quelles grandes lignes se coordonne la volonté triomphante, à quels mystères géométriques est soumise la loi de la durée non plus des races, mais de l'individu, durée manifestée par la gloire, la santé, le succès, ce que l'on appelle : une vie réussie.

1. Page 61. — 2. Page 59.

# LA LIGNE DE LA VICTOIRE

A moins que, méditant sur la géométrie,
Je ne cherche, à l'aspect de ces membres discords,
Comblen de fois il faut que l'ouvrier varie
La forme de la boîte où l'on met tous ces corps.

BAUDELAIRE (*Les petites vieilles*).

Nous avons vu comment Rouvèyre établit les constantes du sang, les points morts de l'individualité, la fatalité du temps, de la race, l' « au-delà de l'individualité.

Nous avons vu l'épopée tragique de la lutte entre les lignes mobiles de l'individualité et les voûtes (excusez les images) de la charpente même de l'homme, de sa destinée.

Nous avons suivi parfois la concordance paisible obtenue au prix d'immenses efforts entre l'homme et son ancêtre. Nous avons suivi l'envahissement du passé et surtout le tragique écroulement « essentiel » de l'individu par discordance entre la matière inerte de la volonté, entre le passé acquis et l'avenir à acquérir.

Au delà des joies, des victoires, des volontés du moment, la règle de la fatalité impose sa loi, seule elle est la mesure et de l'esthétique et de l'éthique.

La notion même du bonheur est subordonnée à cette règle. On peut être doté d'un nez de Cléopâtre, d'une intelligence de Socrate, si les volutes du présent se brisent sous le faix du passé, la laideur, la tristesse, le mal seront les « principes essentiels » de l'individu.

L'écrivain couronné de lauriers succombera de langueur, les maux inconnus accableront ce financier si heureux, la petite vérole défigurera subitement la belle fille, et la paralysie faciale déformera la Vénus triomphante dont la volonté est en discordance avec le sang.

Voici, je crois, l'obsédante et immortelle idée que Rouveyre a saisie et creusée.

Ah, simple est ce drame! Voici une petite et aimable tête de femme : nez retroussé, sourire aux lèvres. Mais l'artiste scrute sa face, les courbes de ses bras, la ligne du cou, les rides qui fuient, les ombres qui se posent comme des papillons... et la vision change, voici de la bestialité qui se détache, voilà la démence, là l'affalement, dans un coin la langueur d'un mal mortel....

Le petit nez retroussé, et le sourire et la gentillesse ont cédé à l'autre vision, celle de la fatalité : de la trame matérielle rompue, froissée, de la lutte entre l'instinct, la matière inerte et les forces nouvelles, désordonnées, et qui, malgré les apparences de vitalité désorganisent l'individu et le mettent parmi « les dé ments et les damnés ».

Il y a des moments d'affolement dans ces visions! On voudrait dire : assez, assez, laissez-nous la paix de nos petits yeux, la paix de notre myopie, la paix de notre inconscience....

Je regarde les victorieux de la vie que Rouveyre a fixés!

8.

Ce ne sont pas de minces personnages. Tous ils ont surnagé au-dessus du flot vulgaire, tous ils se sont détachés de la tourbe journalière. Selon le cas ils ont imposé leur pensée, leur force, leur ruse, leur beauté aux foules, aux cités, aux nations.

Ils sont devenus presque des symboles de leur temps. C'est par eux qu'on jugera l'époque, le pays, la culture enfin.

Ce sont les « duces », les rois de la foule, les princesses de l'art, les Imperatores et les Impératrices! Regardons-les. Tâchons de trouver comme la gypsie la ligne de leur bonheur. La victoire suppose la béatitude, cherchons leur ligne de vainqueurs, analysons leur triomphante volonté. Pour vaincre son propre anonymat et arriver à réaliser sa volonté, il faut avant tout de la résistance : une des qualités merveilleuses de certaines gloires est la durée : la durée simple de leur carcasse humaine qui, pendant des années se promène dans les ruelles où l'on cueille les lauriers et les victoires, dans les milieux où l'on lutte pour dominer.

La durée et l'opportunité ou plutôt l'acte de présence expliquent bien des victoires, bien des gloires. La vie a besoin de victimes. Elle en immole dans sa course vers un but déterminé. Toute époque, toute génération, le moindre effort dépassant la jouissance immédiate demandent de nombreux bataillons dont le dixième arrivera, tandis que les autres joncheront le sol, battus, épuisés, haletants ou en fuite. Mais ceux qui restent arrivent à la fin « dans un fauteuil » parce qu'ils ont résisté « aux démons, à la peste et au mauvais air ».

Ceux-là arrivent dans la course affolante à la mort et à la gloire — comme on arrive dans l'administration, par l'âge... et parce qu'il faut combler les trous et qu'on prend plutôt ceux qui sont sous la main, auxquels on est habitué et devant lesquels on s'écrie au moment opportun : tiens! un tel, je n'ai pas pensé à lui!

Et un tel qui a la routine de sa durée, de son milieu et de sa suffisance, mis au bout de la table, peu à peu, devient utile, important, essentiel. Inconnu hier, tout à coup, grâce à son passé, à son existence, à... ses morts, il domine : c'est un recueil de souvenirs, c'est l'expérience, c'est le cimetière.... Il travaille — peu à peu il s'impose, et à la fin on s'aperçoit que M. Un tel est devenu un personnage d'importance, protecteur, celui qui règne: dux-imperator. On le reconnaîtra facilement : tête solide, digérant bien, os larges, lignes courbes bien posées, mais le front alourdi, les paupières enflées, la bouche crispée. Il comprend l'amertume de sa jeunesse triste et l'ironie de l'âge, du néant couronné de violettes et de roses (Catulle Mendès).

Un sourit, son dos voûté de lourds labeurs, des pensées difficiles, des triomphes payés par d'immenses efforts de volonté, et le sacrifice (Coppée); et celle-ci qui a des épaules solides et la robuste mâchoire a su effacer sa personnalité, se soumettre à quelque terrible loi « commune » qui a dévasté et ridé ses joues, creusé ses yeux, alourdi ses cheveux (Portraits de Bartet) et la dame dont le buste résiste comme un pont à l'avalanche, qui est comme une urne funéraire des passions simples, des rêves vulgaires, penché drôlement sa tête victorieuse et on croit cueillir le dégoût au bord de ses lèvres, dans le coin de ses paupières (*Granier*). Ils ont duré! Ils sont arrivés grâce à leur volonté de faire passer l'orage, d'attendre, de laisser venir, de faire arriver les autres, et derrière eux, présents au moment opportun, de cueillir le laurier, usés, flétris.

Voyez *Lucie Delarue Mardrus* frémissante, ivre de lendemains.

Regardez l'ennui de cette tragique figure, toute la vie rentrée, retenue, bridée, pour vaincre, aboutir.!. et puis la voilà parée, en triomphe avec la langueur mortelle de vivre, et l'ennui de durer, l'ennui que rien ne saura guérir (*Bourget*[1]).

O mystère des dos voûtés, des lèvres pincées, des sourires amers... voici le triomphe... et voilà les vainqueurs!...

Autrement se présentent *Rochefort*, *Picquart*, *Forain*, *Barrès*[2] et la *Comédienne*. La passion et la volonté se dessinent dans leurs traits, dans leur figure, dans leur chair.

Ils ne sont pas des « opportuns » ceux qui durent.

Eux, ce sont des constructeurs, des symboles de la vie, des bâtisseurs indispensables de la vie humaine. Ce sont des utilités, des énergies qui orientent la vie et surajoutent à ce qui existe quelque élément nouveau.... Certes, à chacun d'eux correspond en abstraction toute une foule d'énergies analogues qui, cependant n'ont pas réussi, n'ont pas su vaincre. Quand on regarde *Barrès*, on aperçoit comme dans un rêve

1. Page 93. — 2. Page 113.

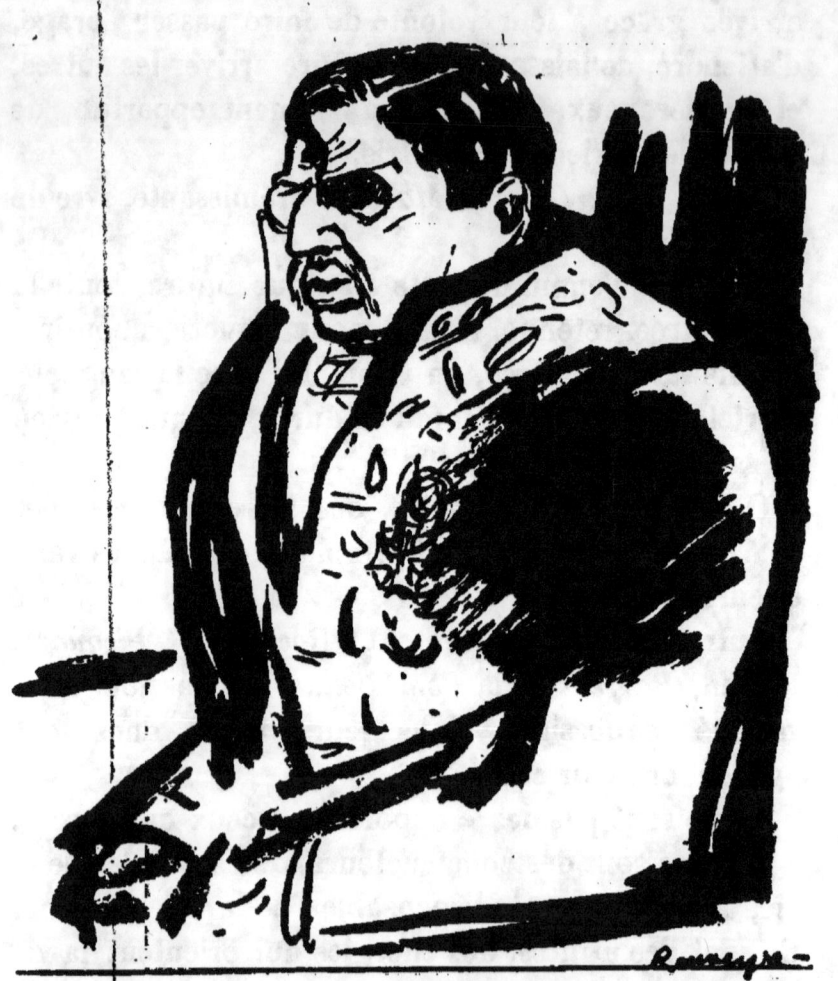

**PAUL BOURGET.**

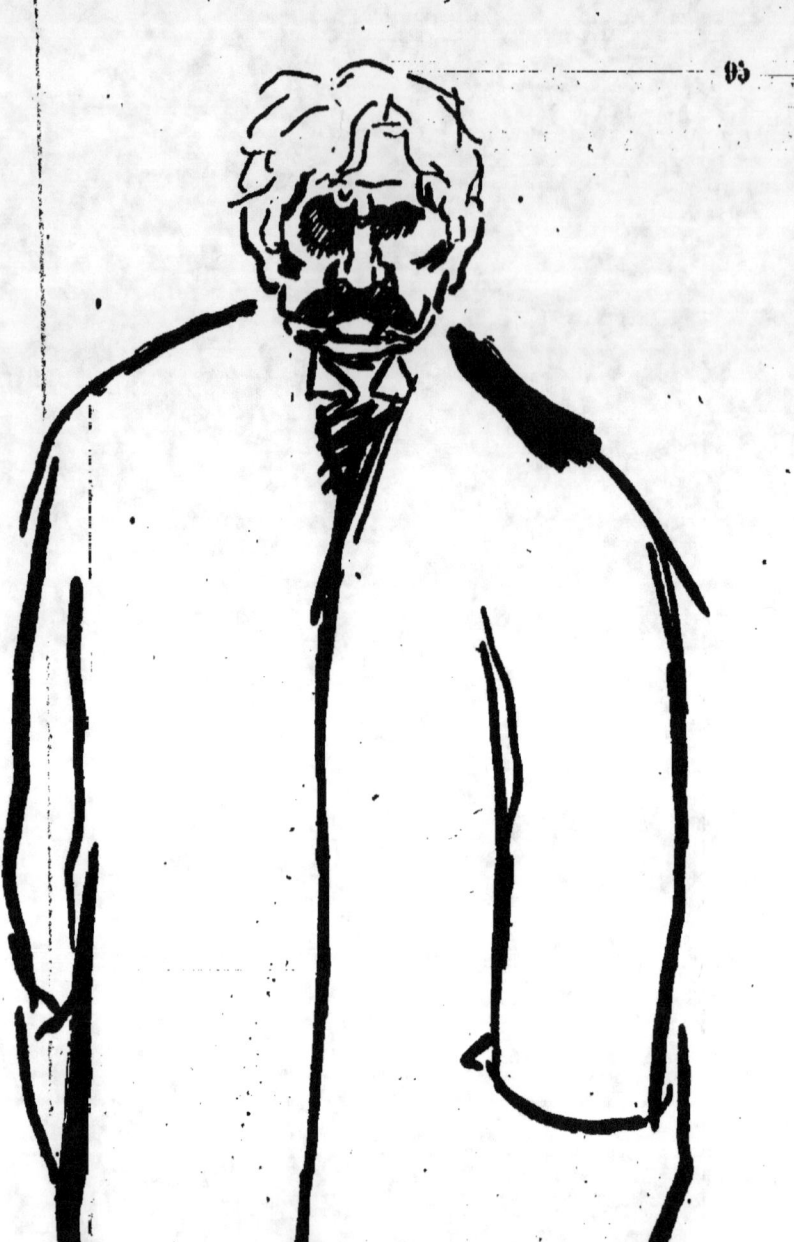

JEAN MORÉAS.

des centaines « d'analogues » ayant la même passion, les mêmes désirs. Que de bouches qui correspondent à celle du *Rochefort*! Innombrables sont des plissements de front, des effacements d'épaules identiques à ceux du *Picquart*! N'a-t-on pas rencontré par ci et par là, dans les rues et chez soi et autre part ce monsieur *R.* qui a l'air d'écouter et qui regarde, qui saisit sur le vif le frémissement tragique, le choc dans un éclat de rire!

Sous ces fronts d'Orient de *Moréas*[1] et de *Gandara*[2], des tempêtes intimes ont dû broyer beaucoup de rêves et effeuiller une belle partie de la volonté, cependant que la victoire est venue par l'ordonnance supérieure de leur être, par la fatalité du triomphe qui est aussi inévitable que celle de la défaite.

Mais la vie a noyé les autres et ceux-là ont survécu! Pourquoi?

Regardons de près les merveilleux dessins qui révéleront encore le mystère de la défaite des « analogues », et de la victoire nécessaire, inévitable de ceux-là.

* *

La victoire est un sombre mélodrame et il y a de ténébreuses affaires dans la gloire.

Pour vaincre, même dans le monde civilisé, il faut des qualités et des défauts de trappeur et de chercheur de piste.

Pour soumettre des volontés à la nôtre, pour créer un état de sujétion durable chez les contemporains, être utile ne suffit pas. Il faut être exclusif, rendre

1. Page 95. — 2. Page 79.

son utilité absolue, évidente, indispensable. Le groupe humain doit la concevoir comme intimement liée à la personnalité donnée, comme inséparable de la charpente matérielle qui la cèle. Il faut, pour être victorieux, créer l'illusion d'une utilité grandie. Il faut en faire un sujet de panorama, une illusoire immensité. Or, on n'aboutit à cet effet d'optique morale que par les applications spéciales de la volonté, par une sorte de monomanie de la victoire, par une hallucination qui non seulement envahit l'imagination des spectateurs mais aussi celle de l'acteur.

L' « analogue » est une utilité, en outre — en passant — il rend service à l'humanité en dilettante, bonnement. Mais il ne sait pas la cultiver, la rendre indispensable « illusoire, divine et immense ». Il conserve ses habitudes, il a des passions très humaines, il ne veut sacrifier à l'utilité aucune parcelle de soi-même. Sous prétexte de liberté, souvent il choque les opinions des uns et les préjugés des autres. Il a une conception trop arithmétique de la vie; « j'apporte au groupe humain une affaire qui lui profite, il n'a qu'à en user. Mes veillées, mes habitudes, mes défauts ou mes qualités ne le regardent pas ».

Or, justement, pour que l'utilité soit réellement sociale, il faut que tout ce qui concerne la personnalité utilitaire lui soit subordonné. C'est barbare, mais c'est ainsi. L'humanité n'est pas Platon. La conscience du bien ne lui suffit pas. Il faut du mélodrame, de la fanfare, des coups de clairon et du panorama!

Le véritable vainqueur se sacrifie à son utilité. Sa vie intérieure, ses passions, ses manies lui sont subor-

données. Sa solitude et ses amours lui appartiennent.
L'*utilité* et sa personnalité se confondent en un type,
se couvrent de la même patine et deviennent un fait
nouveau : la personnalité glorieuse.... Cependant ce
sacrifice même ne suffit pas. Il ne s'agit pas seulement de vaincre chair, cœur et âme. Il faut savoir
ne pas chavirer, s'effacer ou réapparaître, savoir
être lâche au moment opportun ou courageux comme
le lion quand le Léviathan « utilité » l'exige. Mais gare
à une faiblesse momentanée, gare à la pelure d'orange
qui fera glisser et tout sombrer. Il ne suffit pas d'avoir
les yeux bridés, le front couvert d'ombres, les lèvres
pincées, le geste de volonté et d'égarement. Il faut
encore un regard clair, la ride du dompteur, le sourire aux lèvres. Il faut, dis-je, être « un beau dompteur ». Alors l'utilité grandit, devient une œuvre d'art.

L'humanité haletante attend sa réalisation, des milliers de cœurs et d'âmes et de rêves l'assaillent. Des
volontés admiratives, d'autres faites de ruse, de petits
profits ou de simples aménités l'entourent de leurs rêts.
A ses pieds s'écrasent la passion, les désirs, les appétits. Autour, comme des esprits et des anges, s'envo-
lent des plaintes et des soupirs. Le victorieux a créé
« l'utilité » en l'amalgamant à force de renoncement
avec son sang, sa chair, son cerveau. Voici pourquoi
celui-là semble écorcher sa propre peau (*Barrès*[1]) pour
soutenir la puissance du front, chez celui-ci afin que
ses petits yeux vrillent la vie a le geste d'épouvante
et le recul (*Forain*), et celle-là, belle, qui pour se
faire admirer, a écrasé son âme simple et essaye de

1. Page 113.

vaincre la passion venant de loin, la tare d'ancêtres,
la vie! (*la Comédienne*[1]). Et celle-ci recule le geste
brisé, la chair brûlée, le regard sans vie, pour faire
adorer la beauté tragique : utilité de pleurs et de sanglots (*l'Actrice*[2]). Et celle-ci traîne dans l'ennui l'âme
admirable pour évoquer des rêves lointains : rêves des
autres qu'elle a aimés un instant.

Et celui-ci est vainqueur sans profit, avec le dos
robuste d'une bête qui butte à user sa volonté de vivre
pour réaliser une autre utilité : celle d'un équilibre !
(*Picquart*). Et ce vieillard (*Rochefort*) que l'âge a
vaincu déjà, ouvre sa bouche pour pousser des aboie-
ments de roquet afin de glorifier la liberté des uns et
des autres. Ils ont tous des abîmes dans leur chair, des
points morts dans leur charpente. Malgré le lumineux
éclat de leur pensée, de leur victoire, de leur volonté,
piteusement traîne la chair meurtrie, et l'âme déformée pleure en silence.

C'est une horrible Parque que la Victrix.

C'est une médusante amie que celle qui apporte la
couronne de lauriers ! Elle écrase moralement ceux qui
sont vainqueurs *parce qu'ils ont duré !*

Elle écrase physiquement et moralement ceux qui
sont vainqueurs parce qu'ils ont de la valeur, de la
vie et de l'humanité.

Elle déforme même la vulgaire faiblesse et donne à
la médiocrité des accents tragiques....

Mais à côté de ces tragiques semeurs de la vie, il y
en a d'autres, des vibrions, des valeurs insaisissables,
qui sont vainqueurs par confluence de leurs appétits

1. Page 141. — 2. Page 127.

simples : bonne chair, belle fille, ou bon cigare avec
une activité débordante, incessante. Ils créent le courant de la vie comme des infusoires infatigables ; ils
ne produisent rien, ils n'ajoutent rien, mais ils aèrent.
Leur type c'est Numa Roumestan que vous savez,
leur figure c'est le *Hébrard*, futé, volontaire, un peu
grotesque, mais si fin, si indispensable avec sa tête
de paysan et son buste de moineau, c'est aussi celui-
ci, maigre, disproportionné, qui est un poème des
souliers et du nez au vent comme une voile (*Roger
Marx*). Ce sont des hommes braves, serviables, présents. A chacun, ils savent donner une fleur, un éloge,
un bon mot, un encouragement.

Ce sont ceux qui sourient, saluent, félicitent et font
le petit bonhomme de chemin en organisant en fine
gourmandise un léger vice, une faiblesse, une tare.

Leur type glorieux, immuable, magnifique de bonté,
d'aménité et de volonté, c'est le *Claretie*![1] Regardez-le,
il est silhouette de profil, de face, de tous les côtés.
Vous n'y devinerez ni os, ni angle, ni articulations, ni
chair...; et cependant il y a là dans ce front des am-
bitions, des désirs, de hauts et purs désirs d'art ; un
noble poème à lire tout seul, une belle reliure ancienne
à caresser dans la solitude de sa bibliothèque, humer
le parfum d'un vieux parchemin, d'un chine à odeur
confuse, d'un japon rafraîchissant, d'un imprimé vo-
lant à goût âcre et dur.

C'est l'homme des jouissances intellectuelles raffi-
nées qui a vaincu en donnant sa personnalité bien-
veillante comme un drapeau, comme une dentelle,

1. La Comédie-Française (1905).

9.

comme un chiffon précieux, en la malaxant, en l'appliquant à des entourages divers et à des énergies variées, sans leur nuire, sans laisser trace mais les déterminant, les animant.

A côté de ceux-là, voici (*Sorel*[1]) une figure de profil sans expression, mais à lèvres pincées, au regard dur. Elle vaincra parce qu'elle saura flatter dans l'humanité de la vie les tares et les faiblesses.

Elle sera ce qu'on appelle en termes de mélodrame : le Mauvais Génie. Chez l'impuissant intellectuel, elle flattera la vanité, chez un autre une basse sensualité ou le lucre, ou l'orgueil de paraître. Elle déploiera le luxe d'une maison aimable, d'une table épicée, avec des vins capiteux, de petits cabinets à meubles bas avec des soubrettes alertes et accortes. Elle sera l'intermédiaire lugubre, type à la Balzac : Madame de Sainte-Estève ou la mère Souris!

Sa victoire cependant sera simple, elle ne sera... pas reine, mais elle aura de l'argent bien placé et des châteaux pour ses vieux jours....

Elle aussi a vaincu ses propres amours, la velléité d'être soi, de subir ses vices, d'être réellement du mélodrame au lieu d'être Madame de Sainte-Estève moderne! C'est la médiocrité envieuse, ne vivant que sur l'erreur, la faiblesse, l'équivoque. C'est l'espèce de Victrix la plus répandue et la plus affligeante, par le manque de qualités réelles, d'humanité, de vie enfin, indispensable pour réaliser le rêve de la volonté.

Mais à côté il y a l'autre médiocrité, médiocrité de bon aloi : celle de Tityre.

[1]. Page 105.

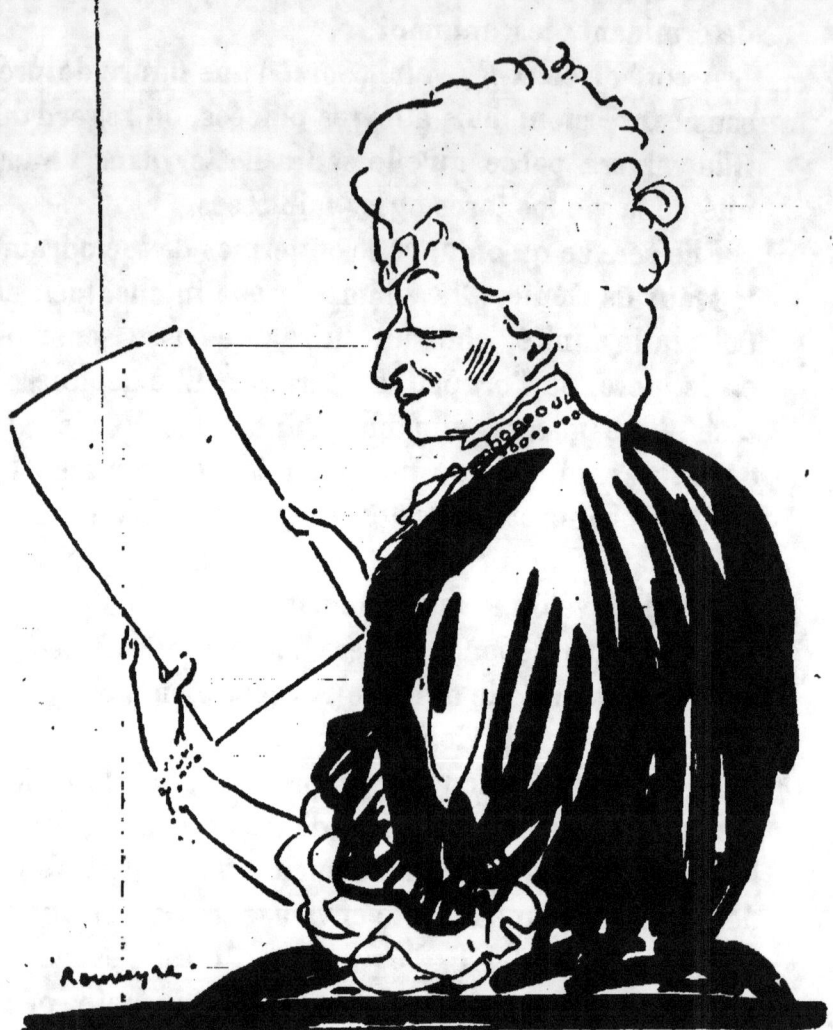

SOREL.

On croit généralement la vie pleine de ruse, de méchanceté et de complication. On suppose que le vainqueur est un rusé compère, un heureux coquin, un tigre, un renard, un lion.

Nous avons vu divers côtés du succès. Les fronts des vainqueurs ne recèlent pas de crimes, mais des souffrances, des effrois, des lassitudes. Et ceux-là ne sont qu'une partie infime des combattants couronnés de lauriers. D'autres n'ont fait que durer, d'autres remuer, parcourir au petit trot leur petit chemin de gloire et de chance, d'autres plus sombres, plus sinistres, vivent sur leur nullité fielleuse, mesquine et qu'ils mettent en valeur en flattant des vices mignons et des petites lâchetés humaines.

Il y a même des vainqueurs sans victoire, des braves cœurs, des âmes simples et naïves; des magnifiques médiocrités. Leur vie est bâtie par des mains sûres : ils n'ont pas de grands appétits, de grandes passions, de grandes visées. Ils aiment d'immuables axiomes de la vie, ils s'inclinent devant des vérités avérées, devant les majorités, les lois établies, les règles admises. Leur vie intérieure n'est qu'une convention de leur rite extérieur; ils font des économies, travaillent, se sacrifient un peu, aiment leurs femmes, leur patrie, leur parti, leurs enfants. Ils vivent un devoir, quelque devoir simple, acquis.

Leurs dérèglements mêmes sont naïfs : ils font la noce jusqu'au mariage : ils portent la barbe après les premières couches de leur épouse; leur échine se redresse avec l'échelon social qu'ils franchissent graduellement. Ce sont de vrais ronds-de-cuir de la vic-

toire, des hommes-légende, des Tytire bienfaisants et
porteurs de sourires.

Celui-ci a vu l'âme chancelante. Il s'accoude et il
regarde, la vie passe.... (*Renard*). Il est simple et
profond, grâce à sa médiocrité, grâce à son équilibre.

Il est là comme dans une gare « où les trains ne
s'arrêtent jamais ».

Il y a là un pli, près du front qui donne au Tytire
sa personnalité; il y a des angles dans la figure, des
enveloppements dans la chair qui font de ce « quelconque » un évocateur des âmes, un vainqueur. Et
celui-ci, de profil (*Pie X*), avec son dos voûté, le brave
curé de campagne allant clopin clopant chez ses
paroissiens! La petite poussée de sa fatalité, l'a mené
de son village jusqu'aux faîtes de la puissance. Il n'a
rien fait pour changer les destinées, il poussait dou-
cement, avec l'âme de résignation cristalline, sa char-
rette des rêves naïfs, des bons devoirs de curé, des
bontés et des bienfaits à la Richebourg, et qui font
penser à la prière d'une vierge.

Or la fatalité veut parfois, c'est son admirable per-
versité, qu'au faîte du pouvoir, au-dessus des volontés, cognant de sa tiare l'absolu, il se trouve une
force neutre, bonne, soumise, pouvant prendre toutes
les responsabilités et déchirer avec béatitude son
cœur palpitant ou celui du prochain, au nom de la
vie douce, atténuée, médiocre. Il y a, et on les sent,
des bras passionnés qui le poussent et le faix de l'univers qui pèse sur ce pauvre vieillard à âme naïve et
claire.

C'est l'écrasement des courbes qui s'enflent, s'épatent, s'évanouissent.

Nous eussions souhaité un portrait de M. Loubet. Lui aussi sans ruse a franchi les échelons, mais sa ligne ne serait plus courbe comme celle du Pape. Il a vécu au milieu des clairons, parmi les champs, dans les couloirs aérés. Il serait fait de rectangles, des lignes droites domineraient récurrentes, sans chevaucher les unes sur les autres, sans répandre de la mélancolie, du rêve, de la tristesse, c'eût été le triomphe des surfaces planes.

Il est si content ce miroir à alouettes que l'on plaça en haut d'un char triomphant et où il sut luire sans aveugler, sans écraser. Il fut si bon enfant! Il sortait de chez un si bon tailleur. Il aime les bêtes, il protège les malades, il marie les orphelins; je crois, je crois qu'il pourra même malgré Renan couronner une rosière avec componction, sourire et bonne foi.

Voilà les triomphateurs, les bons médiocres, qui sont comme des symboles de la réalité telle « qu'on la rêve » et qui ne se réalise jamais. Eux seuls savent vivre, aimer, créer sans rien apporter de bon, de méchant, de troublant. Ils ne jettent de l'ombre ni ne donnent de la lumière. Ils durent, ils existent et ils continuent. Ainsi est leur vie et est leur triomphe. Certes on y trouvera des déchirements, il y aurait eu un peu de raideur, une peur folle des cassures chez M. Loubet, il y a une résignation de sang et de martyr en pleurs dans le dos du *Pie X*, un oubli volontaire ombrage le front du *Renard*, mais ces égratignures ne sont rien devant les meurtrissures du

*Barrès*[1], devant l'affolante volonté d'exister des *Bar-tet*[2], devant l'inquiétante courbe du *Sorel*[3]. Oh! ceux là pour vaincre ont tué des âmes, leurs âmes et des cœurs et des volontés. Ils ont saigné et fait saigner, ils connaissent les nuits blanches et les effrois de demain et les regrets d'hier.

Je les vois résumés par cette évocation de meurtre et de sanglots, de génie et de folie, avec la courbe qui se redresse rétive, qui retombe, qui reprend sa course vers le haut, et puis traîne une existence de misère.... Là, près du front, au coin des lèvres, dans les plis des vêtements du *Willette*[4]. Celui-là vaincra meurtri. L'aigle blessé me paraît être le symbole saisissant de la victoire, qui devient quelque immense défaite de soi-même pour la gloire de l'espèce, de la race, la défaite de la personnalité immolée pour le Léviathan : l'anonymat !

Rouveyre a saisi la vérité sanglante : vérité hégelienne du triomphe. Il a compris qu'il est fait de graves et essentielles négations intimes en vue d'une affirmation extérieure. Il a su montrer que la victoire altère la substance et récrie la volonté, qu'elle est le déséquilibre même du sang humain.

Ainsi :

La ligne de victoire n'est pas droite. C'est le rapport d'une droite déformée aux courbes exagérées dont les arcs selon le cas s'élargissent et deviennent des lignes basses, presque horizontales ou se rétrécissent pour exagérer la courbure en tendant vers la verticale; la victoire c'est une défaite des lignes

1. Page 113. — 2. Page 37. — 3. Page 103. — 4. Page 109.

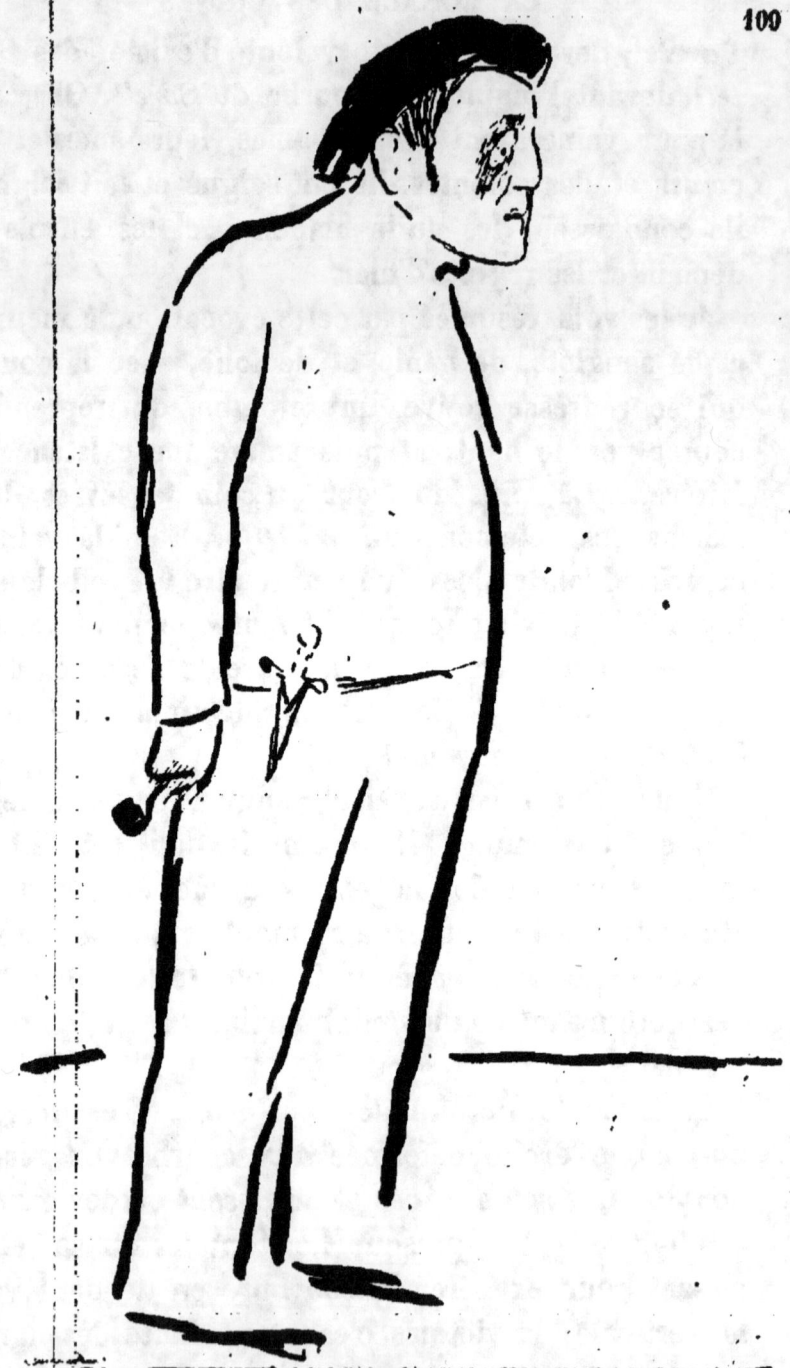

WILLETTE.

secondaires, c'est la cassure des seconds plans avec quelques grands plans se précisant comme rapport idéal en un angle droit et comme ligne, en ligne droite et courbe régulière, fragment du cercle, et encore cette dernière prédomine surtout dans la victoire par non-valeur ; *mediocritas victrix*. En général c'est la ligne du cou, du front, de la poitrine, de la mâchoire qui est précise, haute, en rapport presque idéal avec les autres lignes.

C'est aussi la grande courbure des lèvres, celle des sourcils, des épaules. Mais en dehors de cela, le désordre, le déséquilibre annoncent des troubles profonds de la personnalité, des déchéances, et, ce qui est plus grave, des stigmates de la maladie et de la mort, des lignes basses.

La ligne de la victoire n'est pas solaire, c'est une conquête sur la chair même des victorieux, une conquête faite des restrictions, des défaites de la personnalité, de la diminution de la tension ou de l'harmonie générale.

Tous ces victorieux recèlent de graves atrophies, des insuffisances morales, physiques, intellectuelles. Il faut plier pour vaincre, il faut resteindre, amortir, meurtrir, il faut exagérer les qualités actives du combat au détriment des qualités passives de la personnalité.

La Victoire, au point de vue de la ligne, est la cassure des plans, le bouleversement et l'annulation des dispositions normales pour réaliser un plan quasi idéal qui est le résultat de ces déchéances et de l'équilibre rompu.

# SPIRITUALITÉS

Dans le chapitre précédent, en nous basant sur les dessins de Rouveyre, nous avons analysé les lois graphiques de la victoire; nous avons vu le bouleversement des formes qu'elle suppose, nous avons essayé de trouver quelques règles de la bataille où triomphent des personnalités supérieures et hautes; nous avons vu que le triomphe est une sombre tragédie, une pétition continuelle de principes, une équivoque qui éclate dès le début et se continue jusqu'à la fin entre la substance primitive de la personnalité et le chaos du devenir, le monde extérieur. Rouveyre ne s'est pas contenté cependant d'établir la fatale négation du triomphe; avec la même lucidité, par quelques croquis, quelques lignes essentielles, il a établi le déséquilibre fatal entre la substance et la pensée, entre la forme idéale et banale de l'Humanité et son expression suprême : la Sagesse.

L'équilibre! où le chercher? quelle est sa formule? existe-t-il?

La moindre activité suppose des déchéances : le moindre arrêt suppose une mort. La passivité divine ronge la chair et déforme les fronts, les épaules, les poitrines, de même que l'activité qui spécialise certains gestes contradictoires, crée des agglomérations et des solitudes dans la personnalité. On peut con-

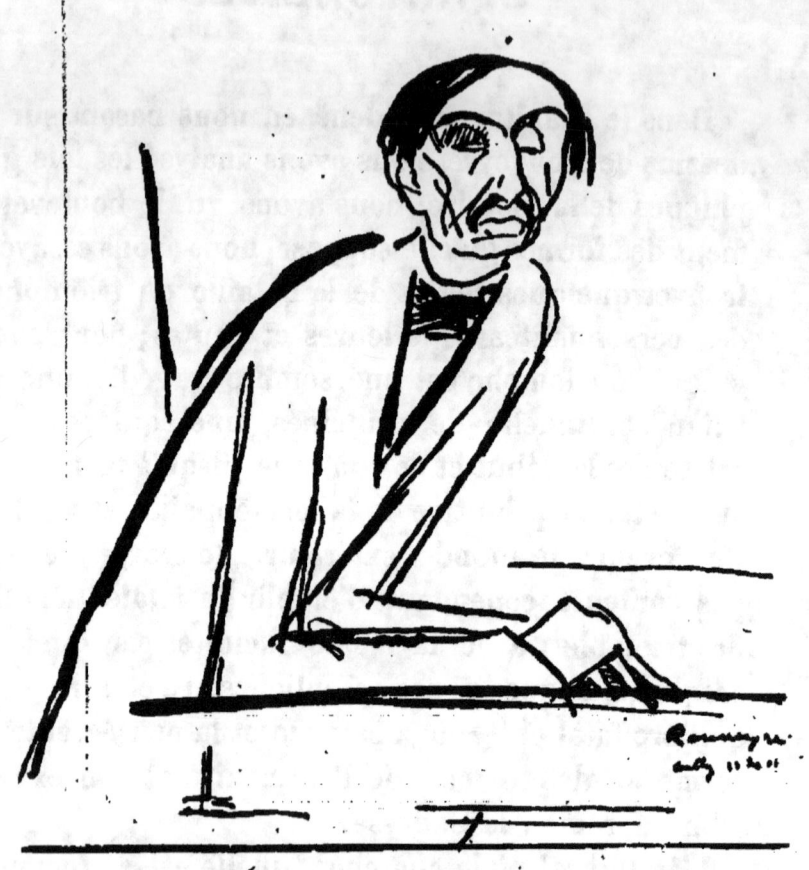

BARRÈS.

templer la Vénus de Milo, le Sphinx ou la Vierge
de Raphaël, au bout d'un moment on aperçoit des
incompatibilités, des contradictions, l'absence de ce
rêve vulgaire des balances bien établies.

Il est entendu, comme disait le Maître Farabeuf,
que la santé est une histoire qui finit toujours mal.
Déjà Bichat sait que la vie n'est qu'une course à la
mort, et le vieil Héraclite a annoncé que « la guerre
est la mère de tout ». Il est bon pourtant de se rendre
compte de plus près du déséquilibre inévitable, bien-
faisant, des activités humaines.

Lombroso, malgré son procédé d'exagération et sa
façon de faire de la science anecdotique, a accumulé
suffisamment de documents pour montrer qu'il y avait
quelque chose de malade dans la sagesse.

Rouveyre a le sens idéal des proportions mathéma-
tiquement établies, des rapports de charpente et d'enveloppe, dont les moindres actes rompent l'équilibre
pour établir des nouvelles lois et de nouveaux rapports.

Ayant su trouver le point mort, les constantes au-
dessus de la personnalité, les tares ineffaçables venant des siècles et d'un long cortège de générations,
ayant établi la chevauchée des courbes et des droites
dans la victoire, il a su trouver la ligne brisée de
la sagesse. Le *Barrès*[1] a une solide voûte qui cependant se déforme, s'émiette pour aboutir à l'orbite où
brille un pauvre feu de la pensée, le feu qui a dessé-
ché sa peau, qui a donné à son épaule une chute de
misère et de lassitude, à ses cheveux de l'inertie et de
l'ombre.

1. Page 113.

Il aurait suffi de voir ces boucles qu'on prévoyait en
regardant la figure, des boucles rebelles, s'allonger,
se raidir et se plaquer contre la peau du crâne.

La vie et la pensée ont enfermé dans les cheveux
une bonne part de leur mystère. A côté d'indociles
chevelures jetant feu et flamme, répandant de capiteux parfums et qui font espérer une puissante animalité, il y a le pauvre cheveu mou, cheveu de laine
qui accueille toute poussière, qui ne sait plus par lassitude ni se dresser ni se reposer, le cheveu de mou-
rant. Il y a aussi la molle et hirsute chevelure du
*Metchnikoff* supposant une fermentation des corps
gras, des confusions intellectuelles, des sentimentalités idéologiques. Chez le *Barrès*[1] la ligne de la
pensée est une droite qui se décompose en milliers
d'obliques, en branchages de fil de fer, qui à la fois
torture la matière et lui fournit un contrefort lui per-
mettant de ne pas s'effriter. Pauvre sagesse aussi du
visage du *Carrière*[2] qui suppose de fades blondeurs,
de bons yeux bleus inexpressifs, un front simplement
troublé, un front qu'assaillent des pensées de simplicité et de naïveté. Cependant une ligne part des yeux,
une autre comme une ombre tombe du front. La cassure est établie! La pensée ne coulera plus comme
un ruisseau clair, ni comme un jeu de fontaine; elle
aura des soubresauts, des effrois et de douloureuses
révélations. La voilà déjà qui meurtrit la bouche et
donne par une série de dégradations à la tête un aspect étrange de quelque chose de surajouté sur ce

1. Page 113. — 2. Page 117.

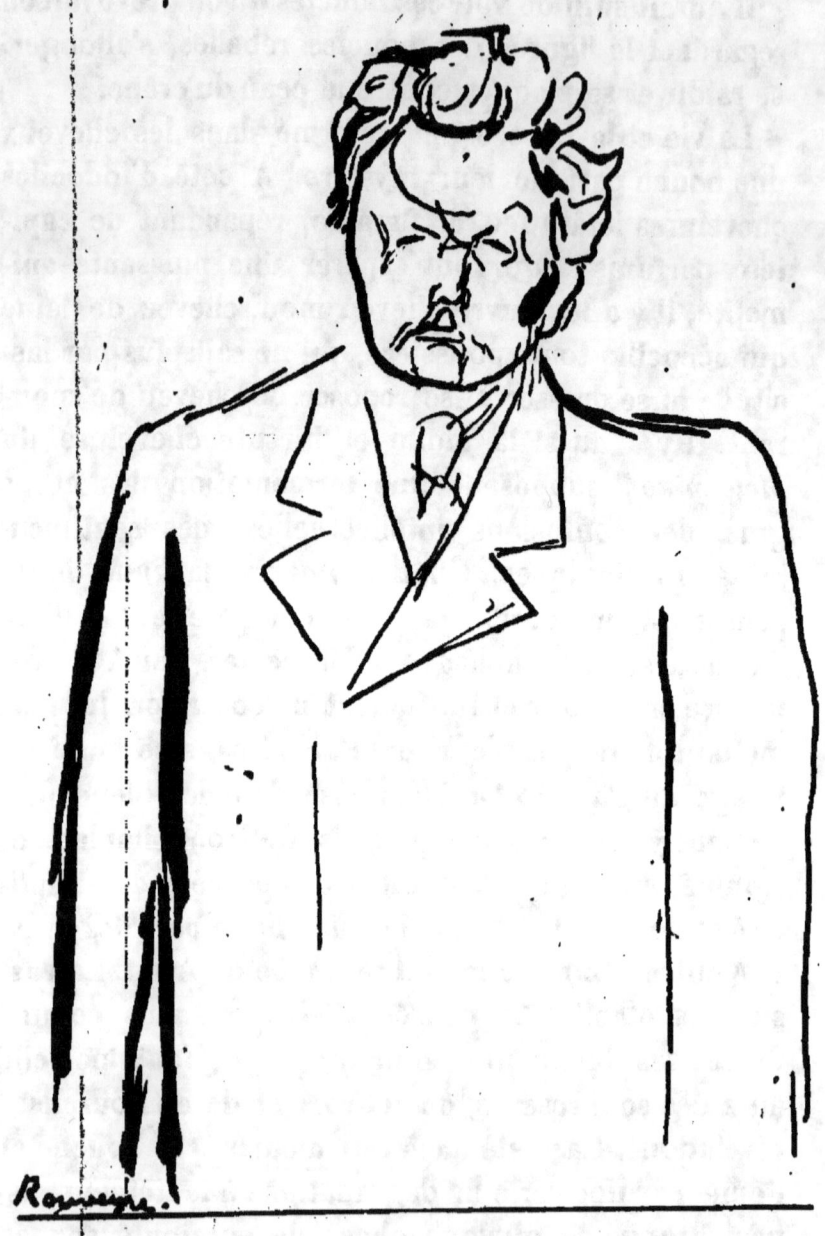

CARRIÈRE.

pauvre buste de brave homme, ne demandant qu'à vivre une existence bonne et banale.

En voici un autre (*Metchnikoff*) tracé par quelques courbes qui sont comme une œuvre d'art, l'arc de l'intellectualité près du front, à la racine du nez, l'arc qui paraît dans cette coulée d'horizontales et de courbes, dans cette confusion de matérialités grossières comme un minaret surgissant parmi les tristesses de quelque ville arabe. La pensée vint dans cette chair à gros appétits comme une étrangère vêtue de robes de fête, avec des gestes et des paroles de sacerdoce ; elle n'est pas la chair et l'ossature de cette charpente, c'est un rayon accidentel de lumière parmi les ténèbres, une voix d'ange venant des abîmes. La sagesse peut fleurir svelte et souriante, parmi les confusions de ce cou de taureau, de ce torse à matérialités simples, de cette mâchoire que voile la barbe hirsute, et qui promet des broiements sonores, des hennissements et des soupirs au moment où la matière est livrée à sa volonté.

Autrement se présente le *Berthelot* où tout n'est que recherche, combinaison, intellectualité. La sagesse n'est pas déformatrice au point de vue essentiel dans cette chair à plans larges, à surfaces bien éclairées, elle y vit comme un fait normal tout en créant de fatales déformations secondaires que toute normalité suppose, il y a un petit réseau de lignes horizontales autour de la bouche, du nez, du front, à qui cette pensée solide, trop solide peut-être, donne par moments de la boursouflure comique. On n'est pas grand homme impunément. Et cependant la voilà, chez

*Bergson*, comme une pieuvre rongeant la chair, écrasant la poitrine, bousculant les rapports entre les surfaces, mettant en conflit la bouche et le nez, jetant l'œil dans les hautes solitudes et enlevant à l'arcade sourcilière sa fonction d'amitié et de protection pour les regards. La pensée tortueuse, titubante, curieuse, y va de coin en coin, rôde comme un caniche égaré, voltige comme un papillon éclos trop tôt, mais prime-sautière, légère, indocile. Je la vois hantée de ce corps malheureux et voici que le front se resserre, la bouche s'élargit, les sourcils se rapprochent, les angles s'effacent, une nouvelle personnalité surgit....

L'homme ému devant les incidents de la vie, excellent garçon, curieux et souple, aimant fleurs et campagne, qui n'inventera pas la poudre, qui n'ira pas chercher sur les cimes des émotions inédites, mais la pieuvre est là, la pensée tentaculaire qui a disloqué ce corps et en créant la sagesse a démoli quelque volonté plus humaine, quelque statuette qui n'aurait pas garni le temple de la pensée et les autels de l'extase intellectuelle, qui eut jeté de la gaîté sur la cheminée d'un tranquille intérieur de gens à vie simple, à apparences douces, à crimes peu compliqués.

Mais, si souvent, la sagesse bouleverse de fond en comble celui qu'elle serre dans ses étaux, parfois elle est comme la poudre d'or sur un parchemin précieux ou une belle patine sur le bronze merveilleux (*France*[1]). Il y a de ces robustes voûtes occipitales qui sont faites pour abriter la sagesse, comme des caves qui gardent le champagne pétillant. Elle y est à son

1. Page 121.

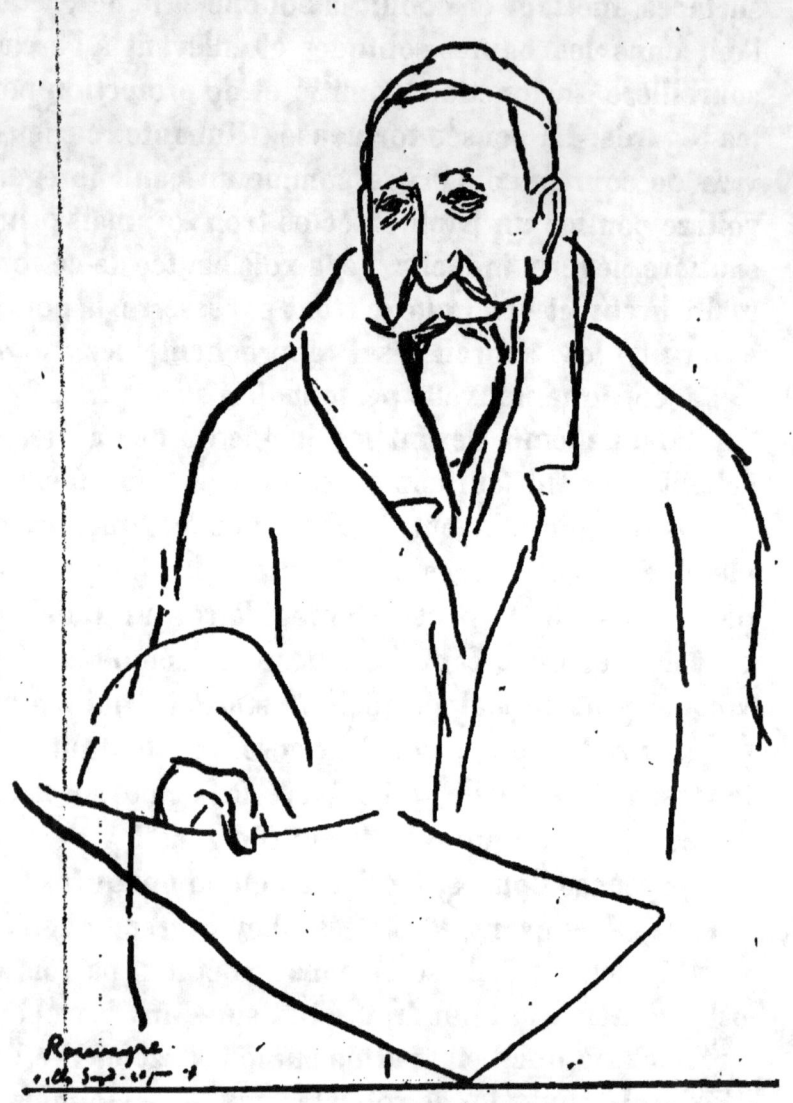

ANATOLE FRANCE.

aise, elle respire le frais de cette voûte trop vaste pour elle, elle s'égare parfois dans des coins trop obscurs, en quelque dédale ténébreux et cependant elle ne prend jamais l'air exceptionnel parce qu'elle est chez elle dans sa cave bien aérée, fraîche, trop grande sans doute, mais qui l'isole suffisamment. Parfois elle s'échappe au dehors, en remplissant les yeux d'un petit feu malicieux qu'atténue l'ombre des voûtes, elle sort d'une toile fine comme une toile d'araignée, elle enveloppe les vastes plans et pèse sur quelque point faibli de la solide construction; alors une épaule tombe inerte, un coin de bouche se meurt, l'autre paraît rire, les grandes arcades des mâchoires gagnent des surfaces d'un côté et de l'autre s'aplatissent; la pensée trop petite pour la voûte occipitale est trop turbulente quand elle trotte au dehors en plein soleil, sur cette peau de tristesse, dans ces yeux de rêve et cette bouche de prière. Pour être belle et merveilleuse, il n'aurait pas fallu qu'elle quittât sa cave douce et rafraîchissante, il n'aurait pas fallu que cette sagesse devînt paroles et actes. Mais la contemplation n'est pas de ce monde et la pensée abritée sous un front admirable est sans valeur, inerte et jaunie si elle ne s'échappe un peu folâtre, devenue inexacte, malhonnête parfois et surtout déformant la matière qui lui servait d'abri. Voici la sagesse. La spiritualité aime les lignes droites; dans la matérialité des courbes elle apporte sa lumière mais aussi elle déforme la charpente fragile, elle meurtrit les chairs trop chaudes, elle rend hideuses les surfaces boursouflées d'appétit, elle jette l'ennui, la mort et la démence parmi les bonnes petites passions, les formes circulaires, les souriantes ellipses, les braves paraboles. La pensée, quelle qu'elle soit, voudrait redresser ceci, soulever cela, ombrer ce coin, éclaircir cet autre. Or toute activité spirituelle dans la cohue des courbes aboutit à la déformation et parfois à l'illusion de sagesse, à quelque muse folâtre qu'on a oublié de chasser et qu'on finit par croire Minerve aux yeux bleus. La victoire est un mal mortel dans la matérialité humaine ; la spiritualité est une souffrance de déformation qui, sans tuer, endolorit et déracine la personnalité. Seule la sagesse absolue jetée parmi les éthers, déracinée de toute vie et de toute forme, saurait rendre la paix à la charpente humaine, mais, comme elle n'est guère possible, la spiritualité, comme l'a vue Rouveyre, sera toujours un élan dans la vie matérielle et souvent un mauvais élan, parce que la sagesse dans sa forme réelle n'est qu'une enveloppe de chair mourante où rôde l'âme de la solitude et de la douleur.

# MONOGRAPHIES

Il existe certaines fatalités entre la façon d'envisager une forme d'art et les méthodes nécessaires pour l'exprimer.

Quand Rouveyre, plus ou moins consciemment, au début, s'est attaché aux expressions graphiques des spiritualités comme volonté et idéologie, il était obligé d'aboutir à des visions en raccourci, à une formule de dessin simplifiée, réduite au strict nécessaire de la formule synthétique qu'il avait à exprimer : la pensée. De là ces dessins nus, éclairés seulement par les rapports linéaires, avec des valeurs géométriques remplaçant les taches et les ombres proprement dites, de là aussi la nécessité d'étendre l'investigation non seulement à la figure, mais à l'ensemble de la carcasse humaine, et à tout ce qui la complète : les plis de l'étoffe, l'envolée d'une robe, l'angle des genoux, des surfaces qu'on devine, ventre, dos, et que les mœurs de notre civilisation ne nous livrent pas d'une façon directe. L'humanité idéologique peut se synthétiser aussi bien dans la courbe du front que dans celle de la cuisse, de la mâchoire ou du dos. Bocklin déjà disait : « La chose la plus difficile à peindre et à exprimer, ce n'est pas la figure humaine, c'est la cuisse. »

Or même cette simplification et cette générali-

11.

sation à certain moment ne suffisent pas au voraçe
appétit du scalpel de l'artiste. La ligne humaine est
encore trop brisée, trop complexe si elle ne s'attache
qu'aux idées générales. Elle prend une ampleur
d'axiome et devient d'une vérité saisissante et expressive quand elle se cristallise, non plus dans les formes
abstraites de la vie, dans des catégories artificielles :
pensée, volonté, profession, etc..., mais dans l'unité
vivante, immédiate de la personnalité.

Rouveyre ayant voulu voir le mystère de l'idéité,
sous sa forme matérielle, est arrivé fatalement à la
nécessité d'analyser l'unité humaine dans sa forme
pure, à la fois abstraite et expérimentale : l'individu.
Bien avant lui, de grands chercheurs de la beauté
humaine, ceux qui dissèquent et analysent, se sont
attachés à créer cette recherche unitaire ; Rembrandt
scrutant Rembrandt, le disséquant à travers les
trente ans d'existence dans les états les plus divers,
dans les costumes les plus variés, ou bien faisant des
recherches sur ses femmes, qu'il avait devant lui pendant des années, qui étaient des modèles dociles et
dont il a pu suivre les transformations et les mystères.
Par l'application inconsciente de la méthode graphique, Raphaël est arrivé à perfectionner la géométrie humaine en peignant et en dessinant sous des
prétextes divers sa bien-aimée Fornarina. L'étude de
la personnalité est autrement grave comme révélation
d'art et autrement profonde que le Rembrandt ou la
Fornarina vus à travers les années, ou qu'une série
de figures unies par quelque mal de vivre ; les gueux
de Callot, les inquisiteurs et les guerriers de Goya.

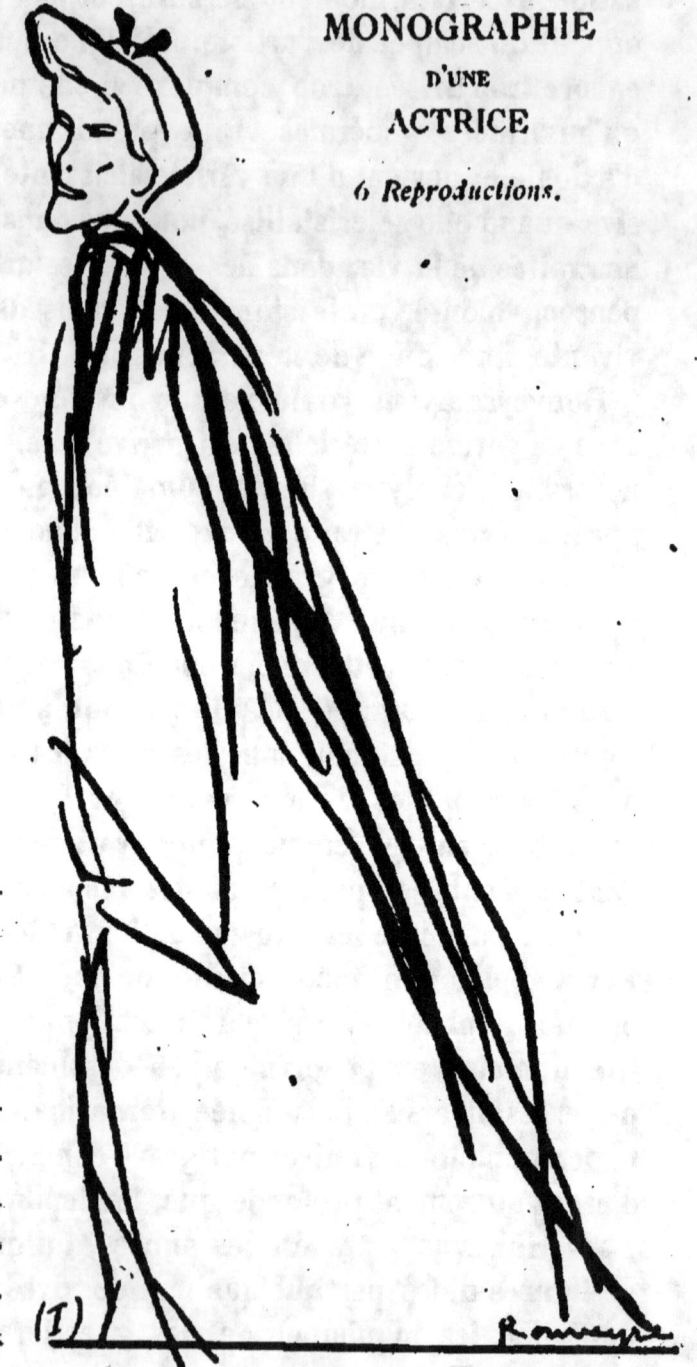

# MONOGRAPHIE
#### D'UNE
## ACTRICE

*6 Reproductions.*

(I)

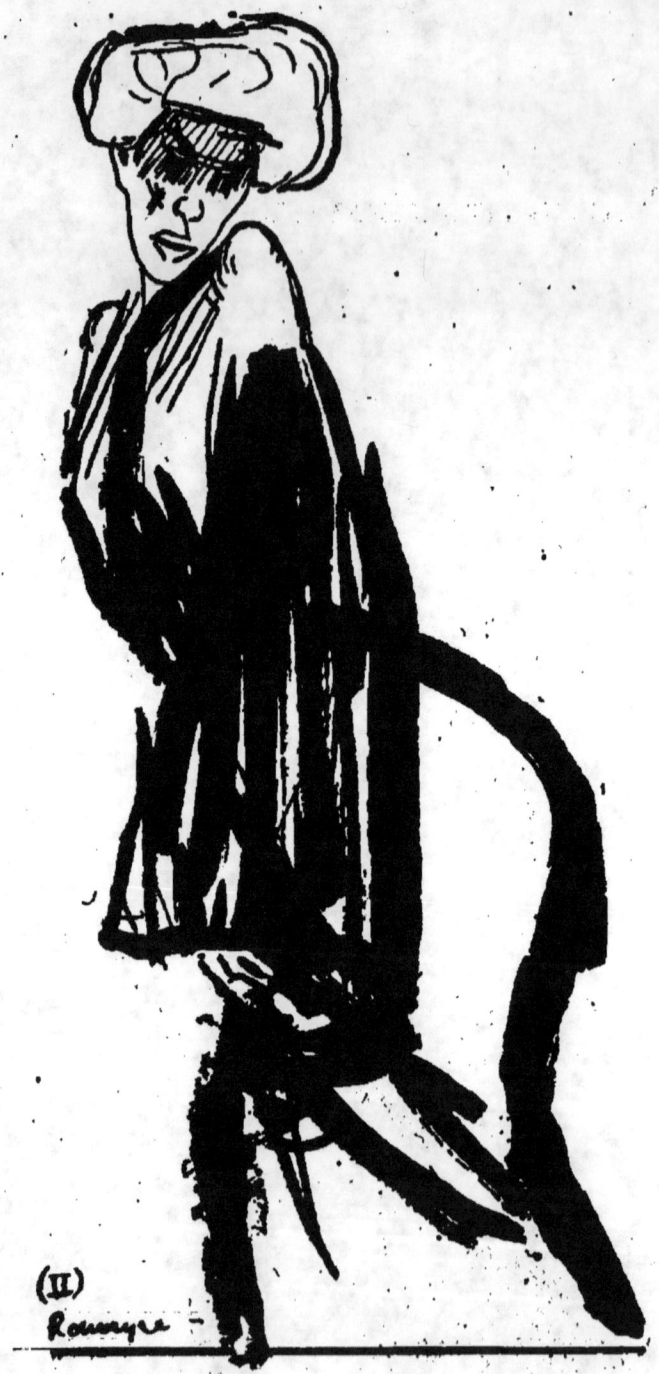

(II)
Rouveyre

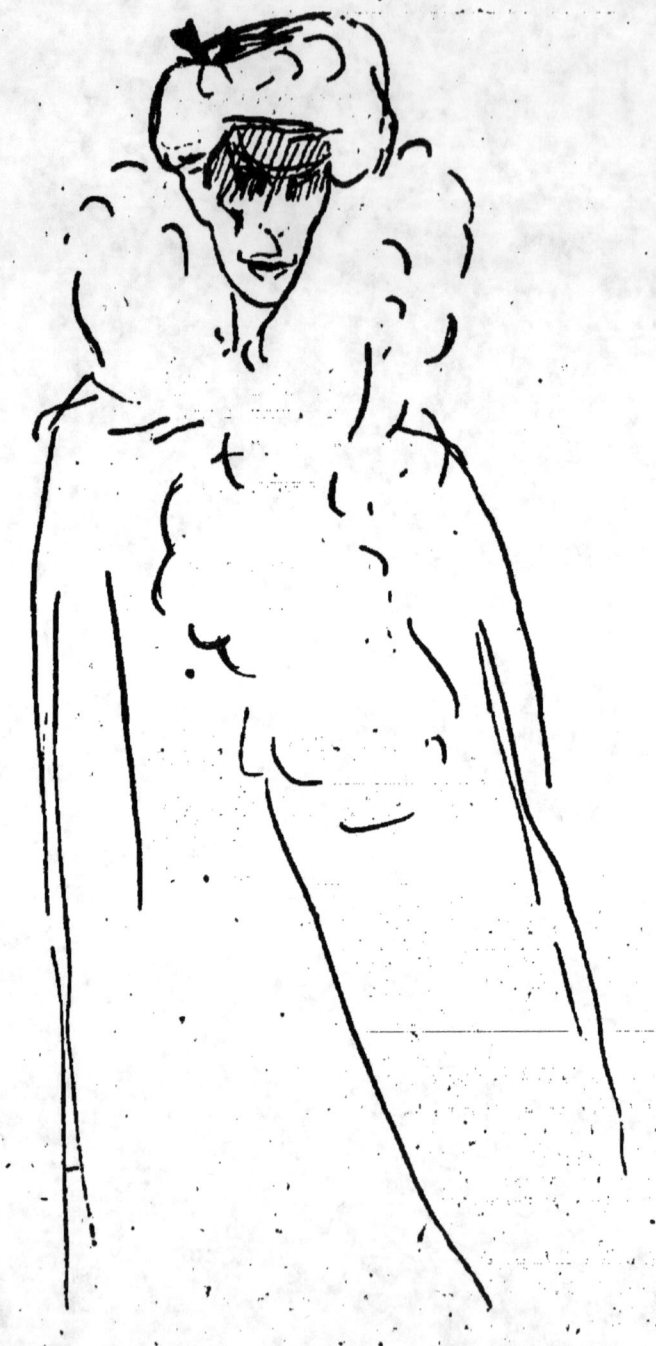

(III)
Rouveyre

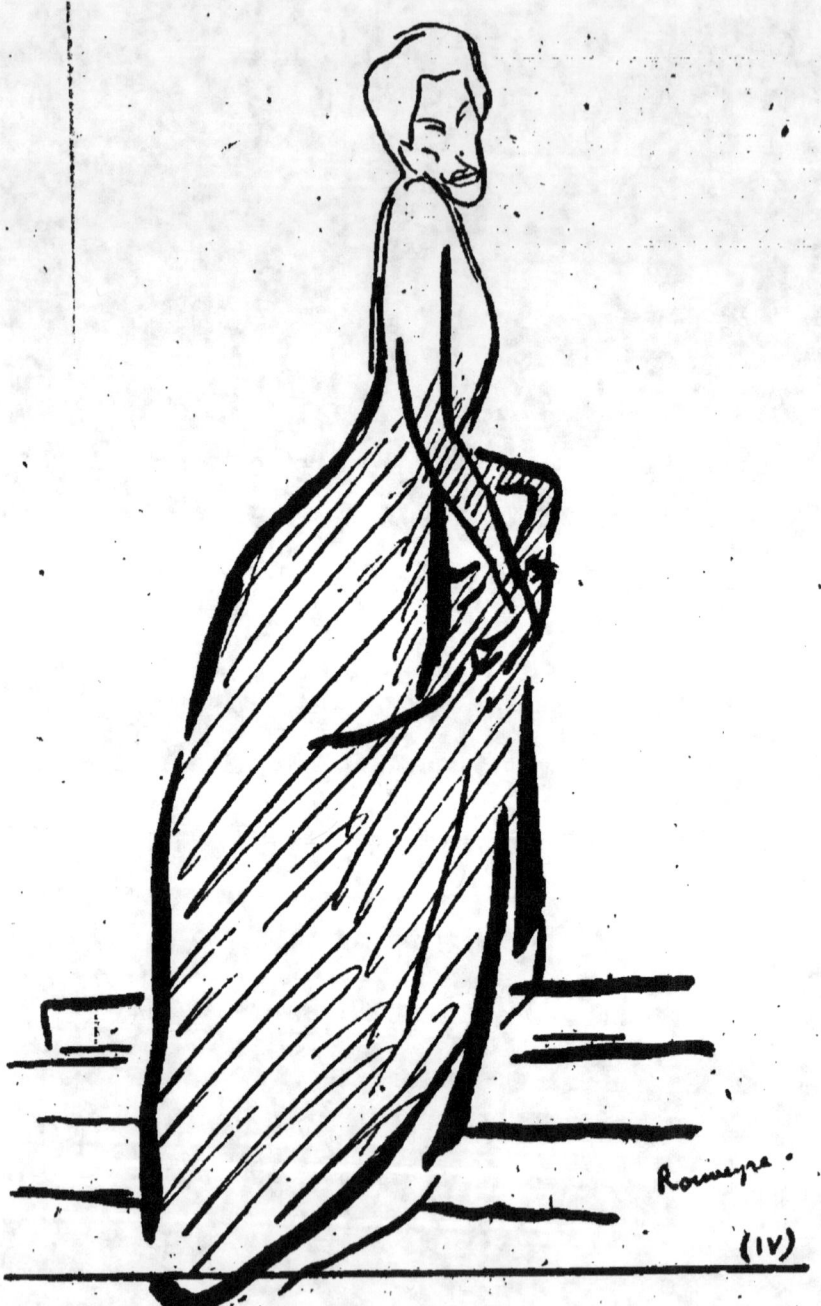

Romeyre.

(IV)

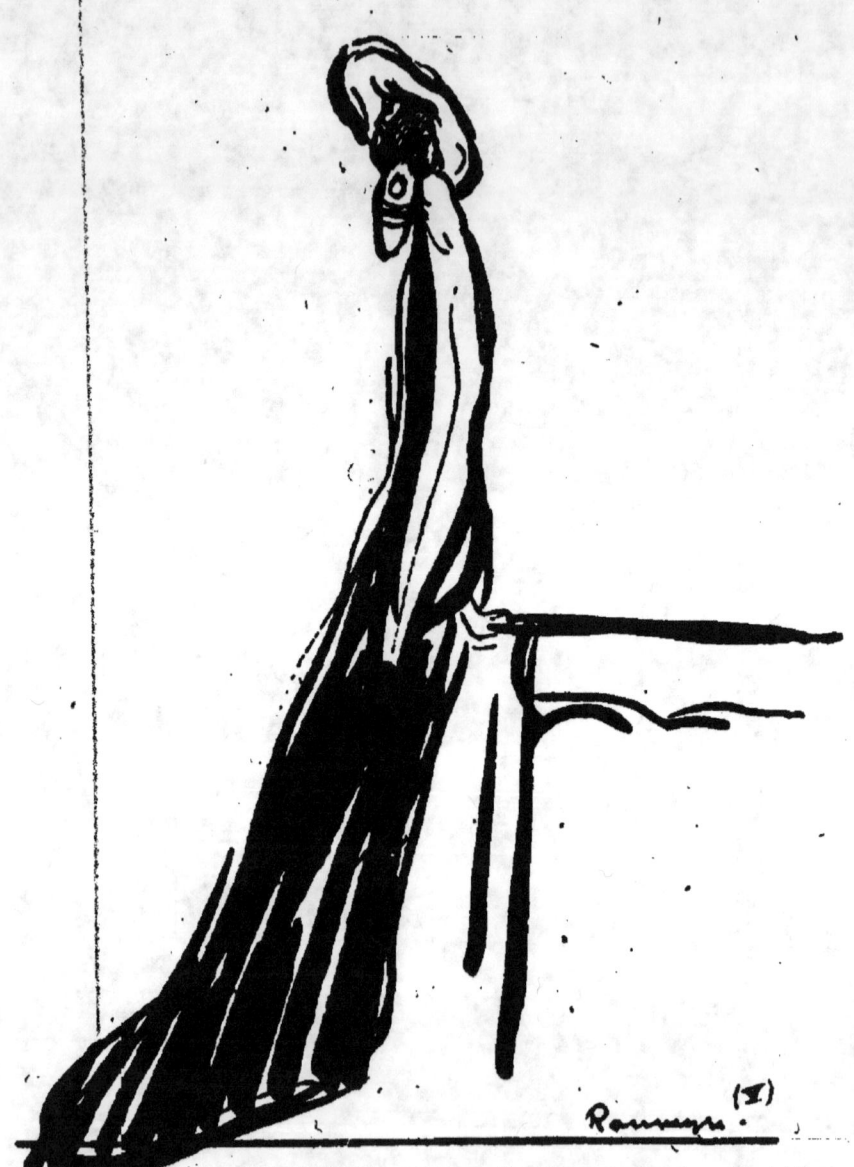

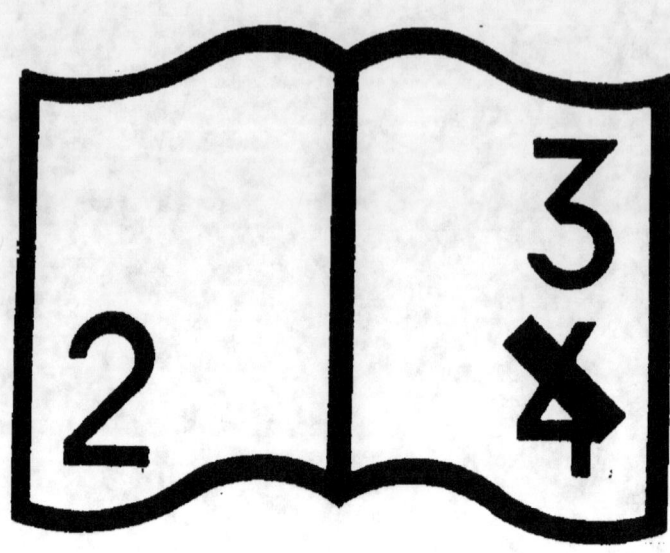

Pagination incorrecte — date incorrecte

**NF Z 43-120-12**

LIRE PAGE (S)    *137*
AU LIEU DE PAGE (S)   *13*

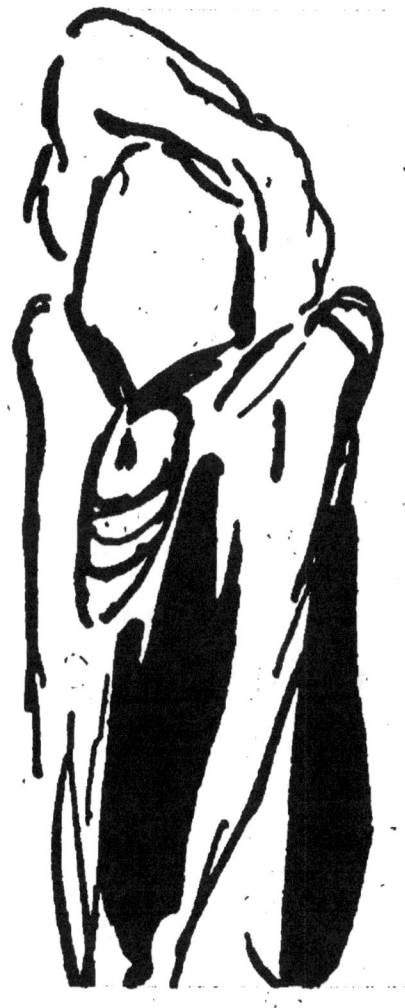

Roussel.

(VI)

Rouveyre est arrivé à feuilleter la même personnalité à travers toutes ses manifestations extérieures, dans un délai plus ou moins long, dans divers éclairages, selon diverses circonstances.

C'est ainsi qu'il pu établir quelques lois graphiques de la nature humaine.

En effet, avec la méthode de monographies, on voit revenir d'une façon inévitable certaines lignes, certaines ombres, certaines déformations qui paraîtraient passagères par d'autres procédés. La monographie, que Rouveyre inaugure aujourd'hui dans l'art graphique, deviendra une véritable mine d'or du dessinateur et du philosophe. Les êtres classés par numéros, cachés dans l'anonymat de leur chair palpitante, surgiront en apportant des révélations, des lois nouvelles de la vie et de la beauté.

La première monographie très courte et très expressive est composée de six dessins intitulés : *une Actrice.*

Les six dessins paraissent presque sans analogie, sans ressemblance. Le I[1] ayant la précision superficielle de l'exactitude courante, offre peu de parenté avec les V[2] et VI[3] qui sont évocations d'enfer et de malédiction, avec le IV[4] et ses déformations, avec les II[5] et III[6] où ne dominent pas les éléments complexes de la personnalité mais quelques gestes simples et gracieux de la sexualité. Cependant tous les cinq sont caractérisés par la prédominance des lignes hautes par une brisure du

1. Page 127. — 2. Page 133. — 3. Page 137. — 4. Page 133. — 5. Page 129. — 6. Page 131.

cou, brisure qui apparaît comme une brèche fatale
par laquelle les lois du dehors domineront probable-
ment l'âme (I[1]). Elle s'exagérera jusqu'à la difformité
dans le II[2]. Les courbes de la matérialité qui cependant n'arrivent pas à se développer dans toute leur
somptueuse bestialité parce que les lignes hautes, les
obliques et les droites, comme un réseau de tangentes et de cordes les resserrent et les délimitent,
tandis qu'au-dessus, posée à tout hasard se penche la
tête qui semble s'étonner de cette spontanéité matérielle et déjà annonce la pauvre lassitude du III[3], lassitude qui présage des somnolences inquiètes, des rêves
troublés, des vagabondages des sens aux heures de
la nuit à travers le corps inerte. Et alors on ne
s'étonne plus de la fuite de la pauvre âme (IV[4]) qui
voudrait suivre ces hautes lignes de la spiritualité,
qui certes a de nobles visions sur les choses de la vie
et qui sent toujours présente la cassure, là, derrière
l'oreille, au cou, la cassure qui fait branler tout, qui
rend les efforts inachevés, la volonté indéterminée,
qui déforme le rêve et fait pressentir ce moment
d'exaspération, de lassitude et de misère du dessin V[5],
telle une feuille d'automne que le destin capricieux a
collée contre le socle brisé en disant : « Et vous serez
unis pour l'éternité », la tête repose ce buste de fa-
tigue et de tourmente.

La première monographie est celle d'une volonté
affinée, d'une pensée cultivée, d'un cœur dont les passions sont déjà atténuées par le heurt de l'intellectualité, par des résolutions d'un être supérieur de dompter

1. Page 127. — 2. Page 129. — 3. Page 131. — 4. Page 133 — 5. Page 135

# MONOGRAPHIE
### D'UNE
## COMÉDIENNE

*22 Reproductions.*

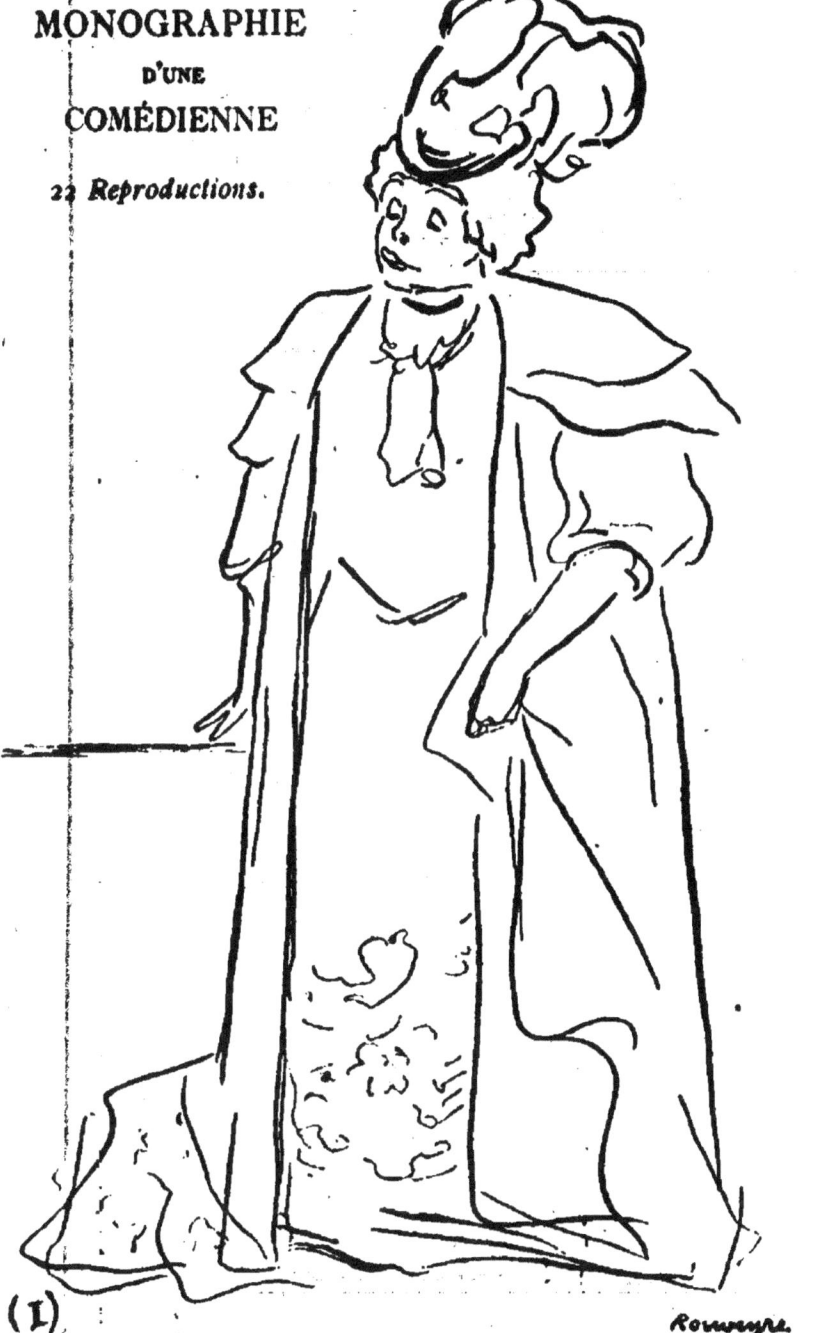

(I)

*Rouveyre.*

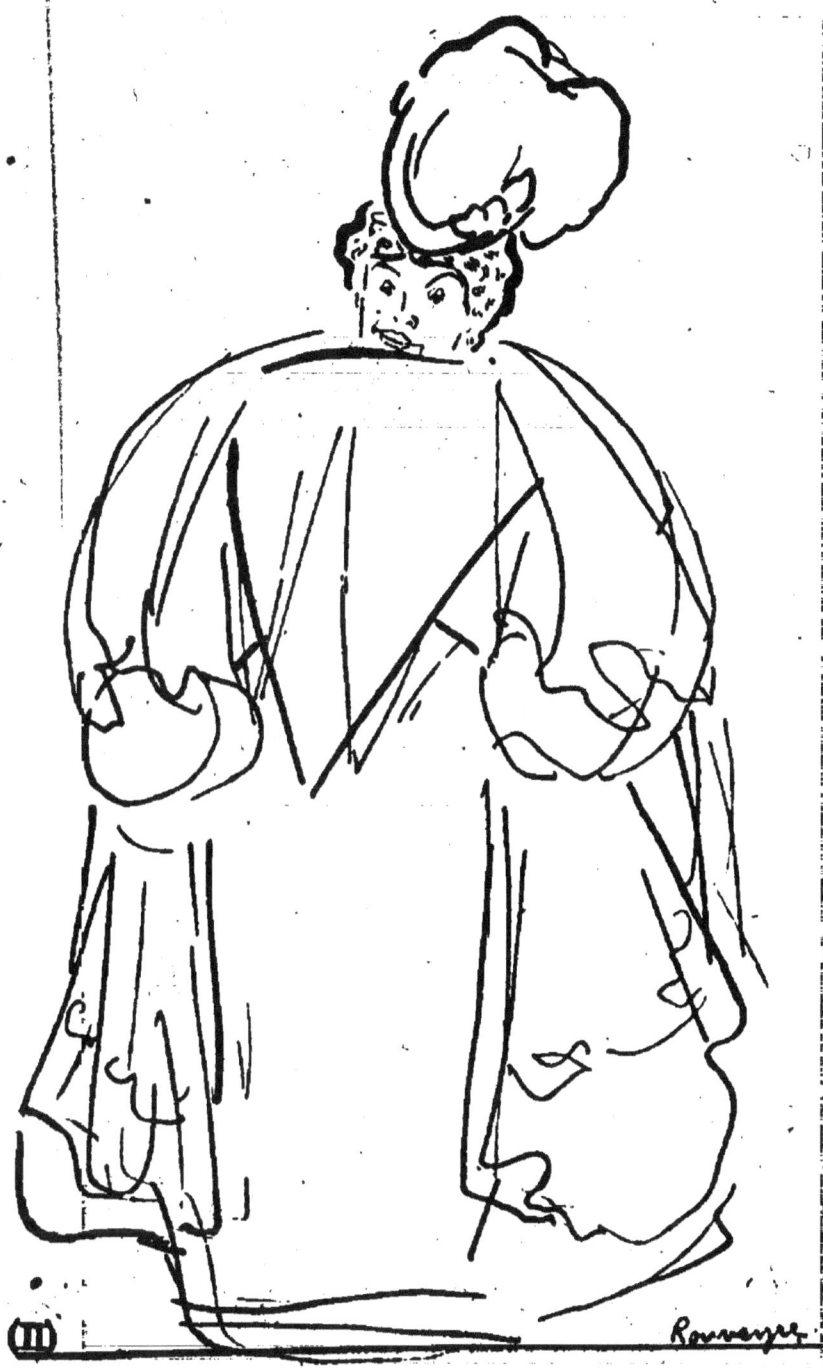

Rouveyre

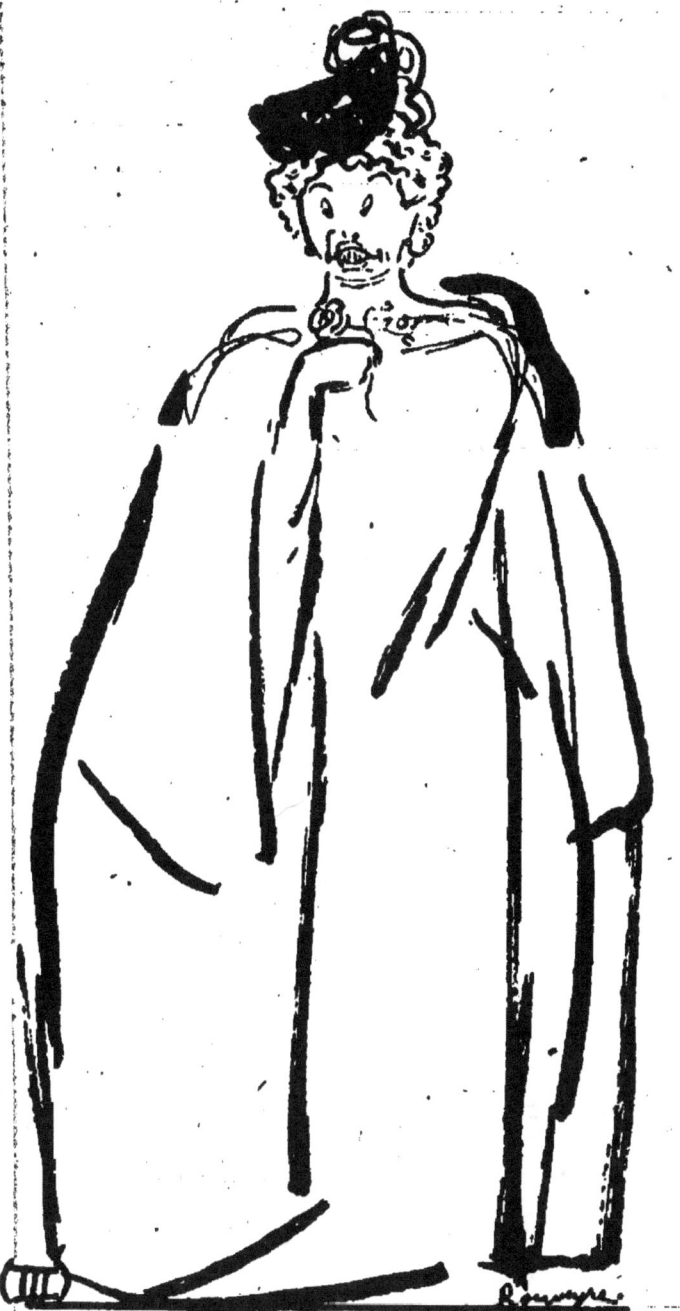

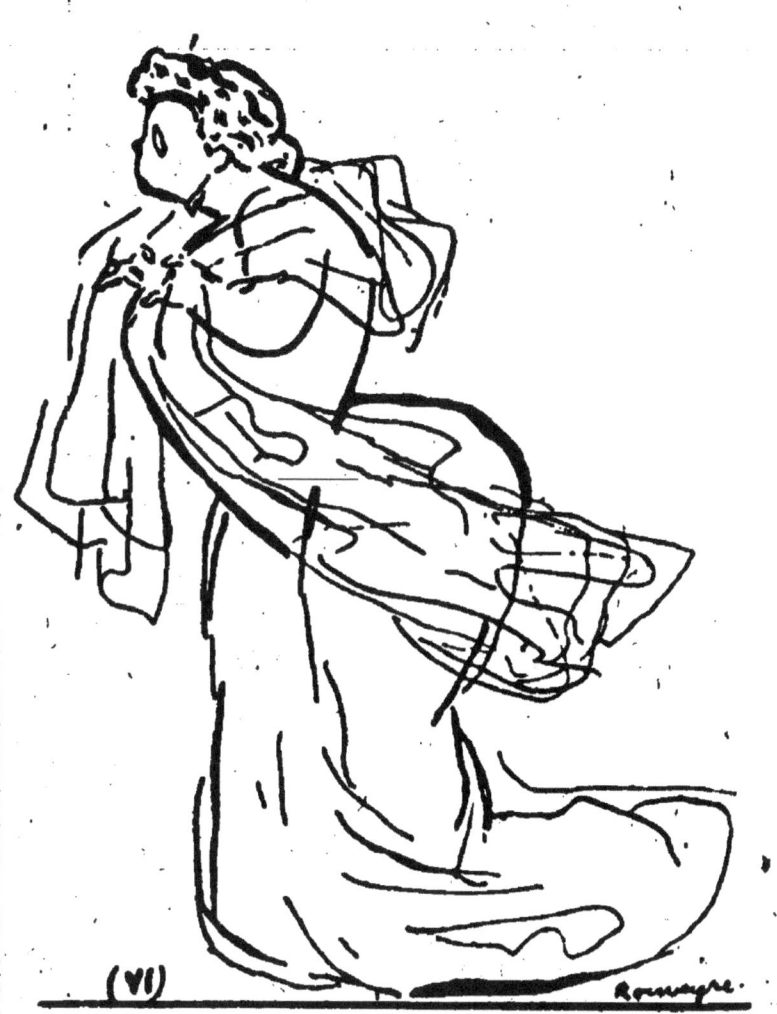

(VI)

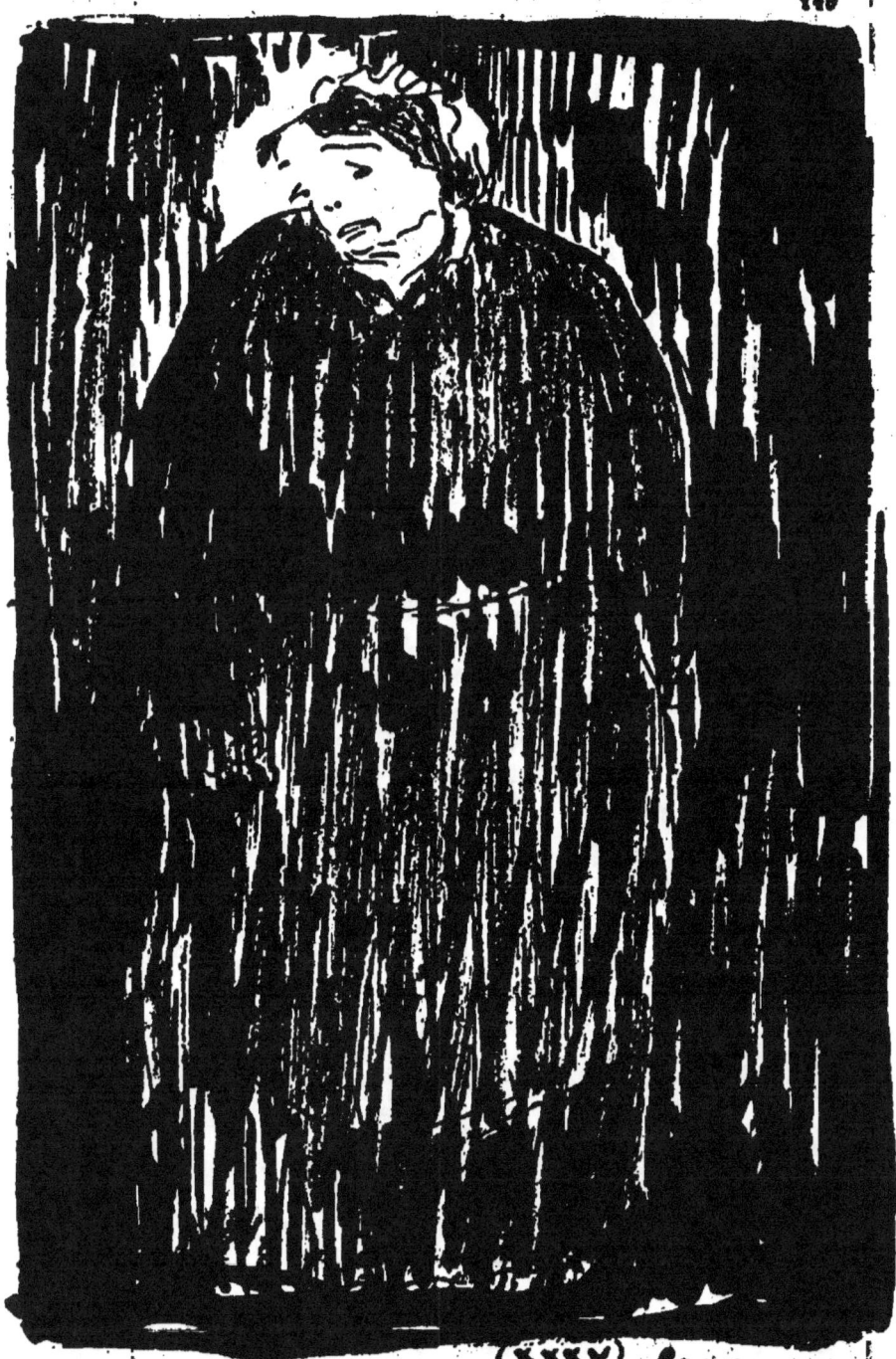

(XXXV) Romague

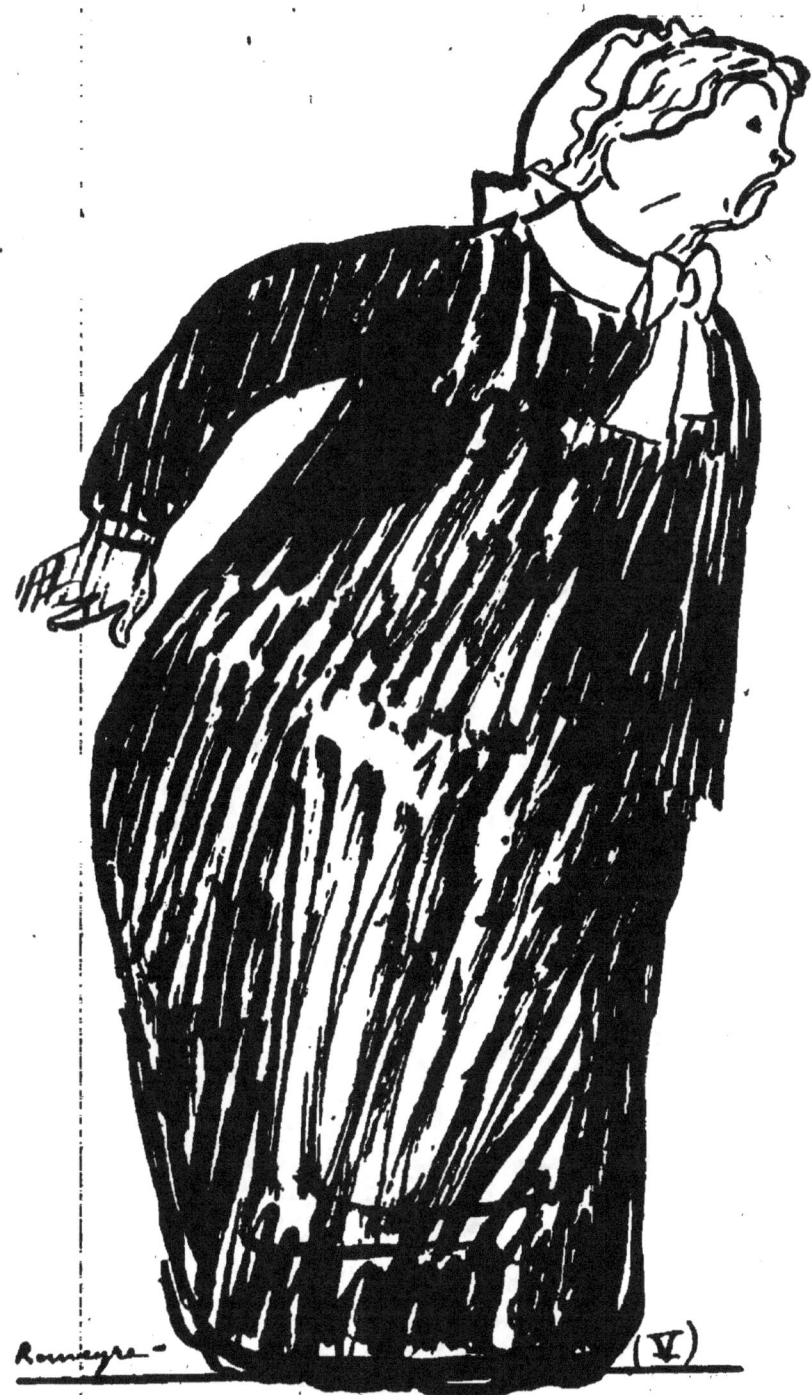

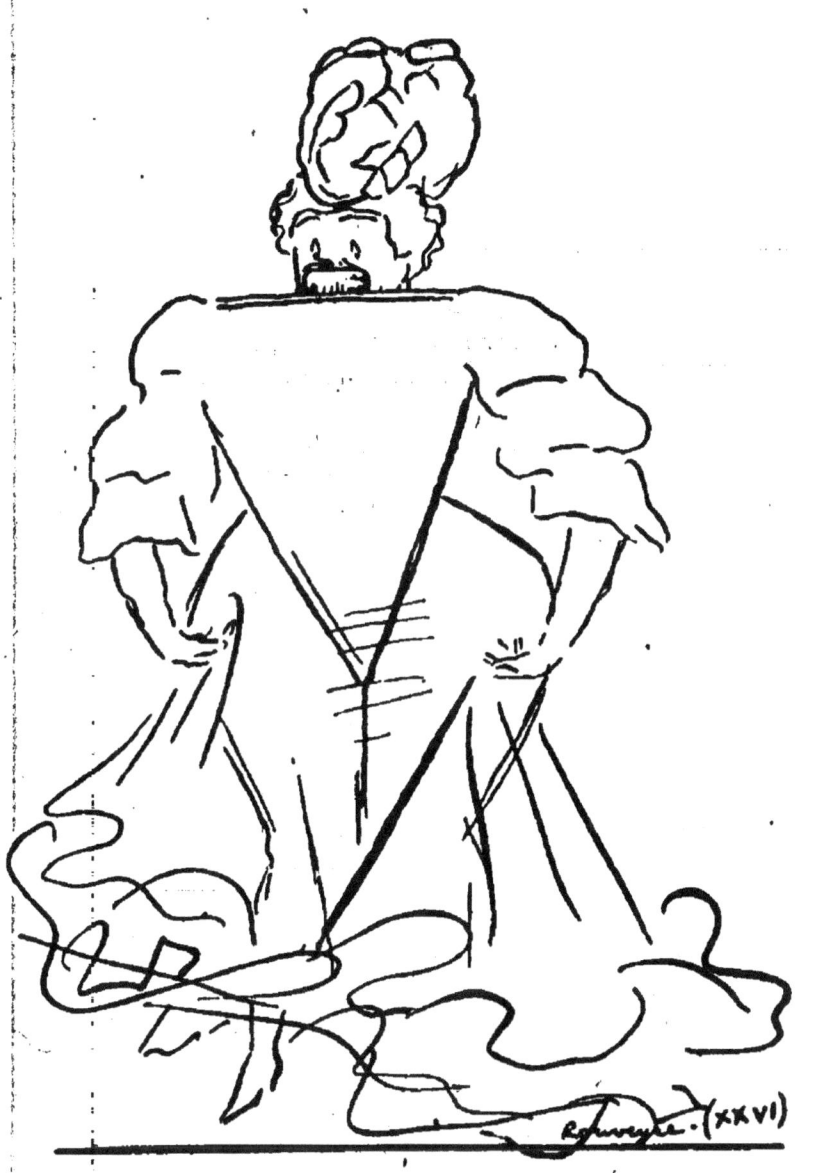

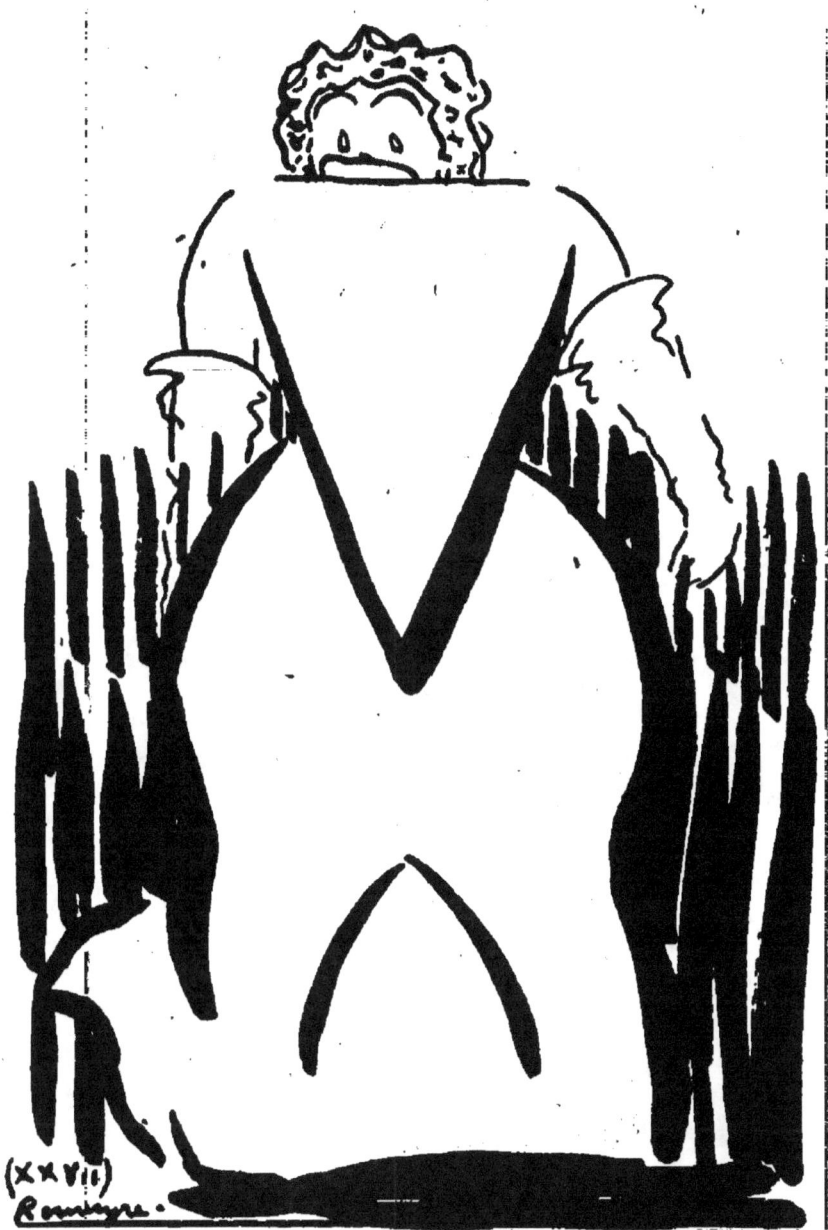

(XXVII)
Roubille.

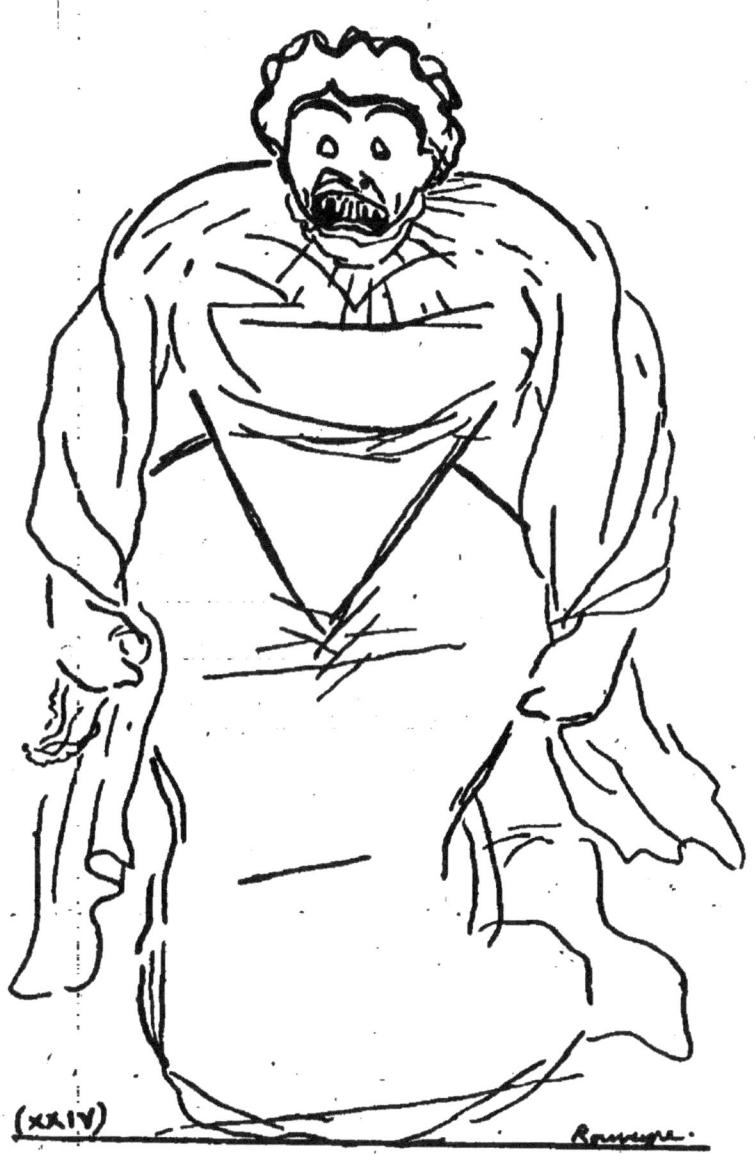

(XXIV)

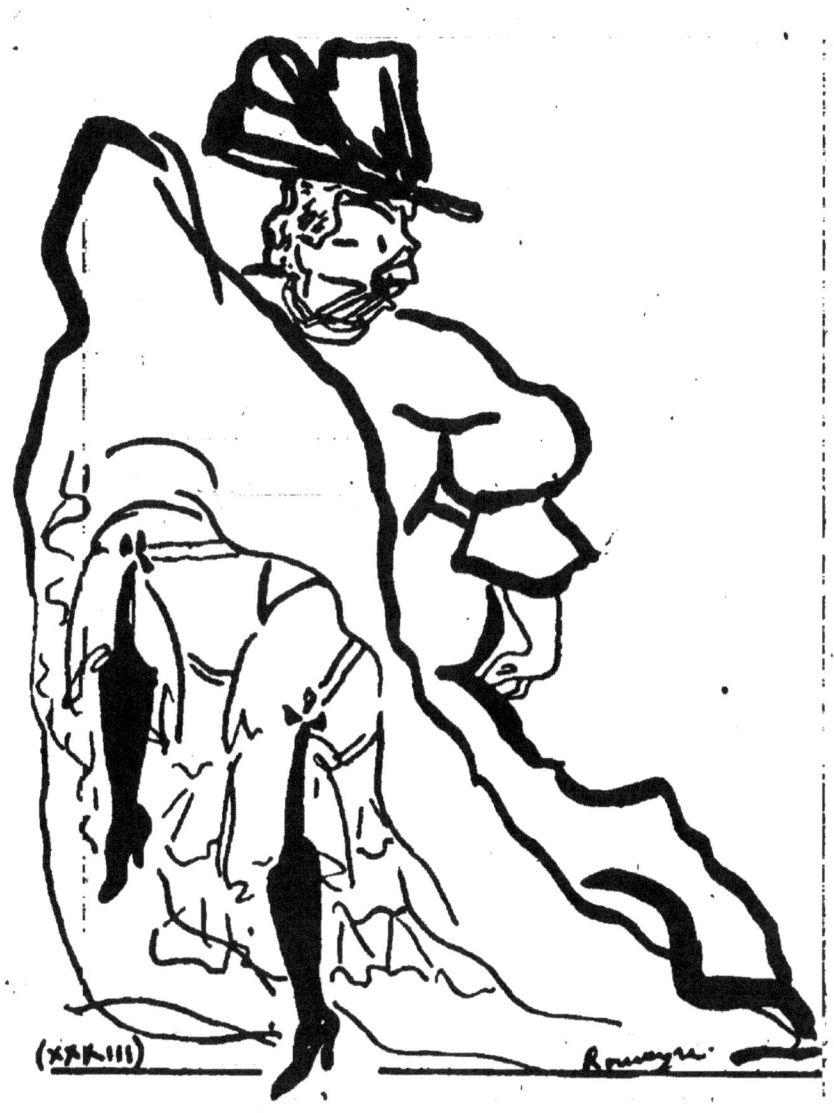

(XXXIII)

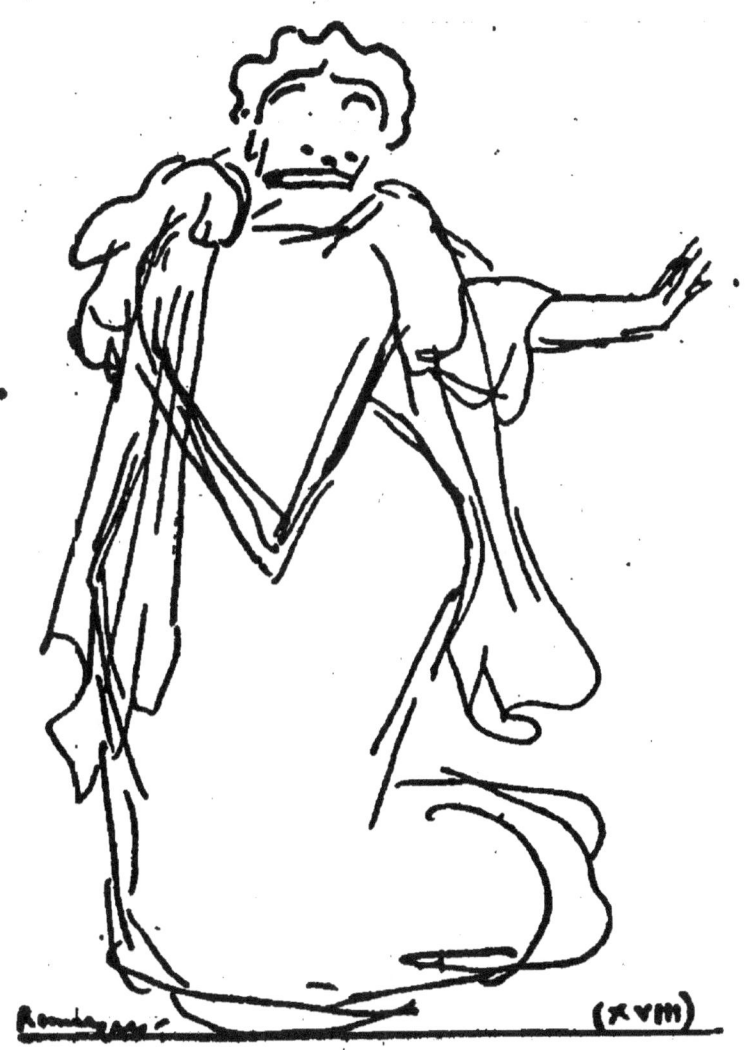

(XVIII)

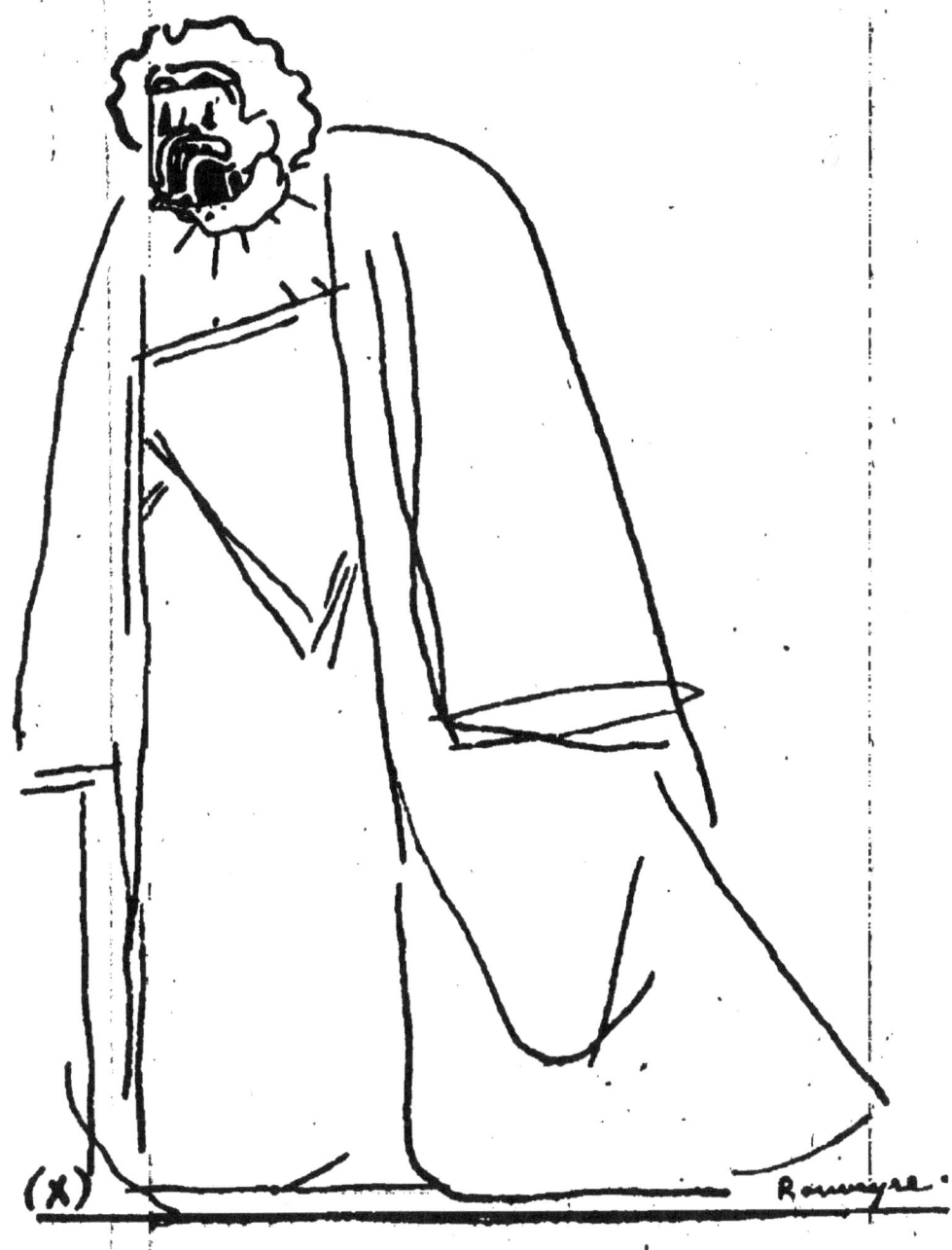

(X)

Rouveyre.

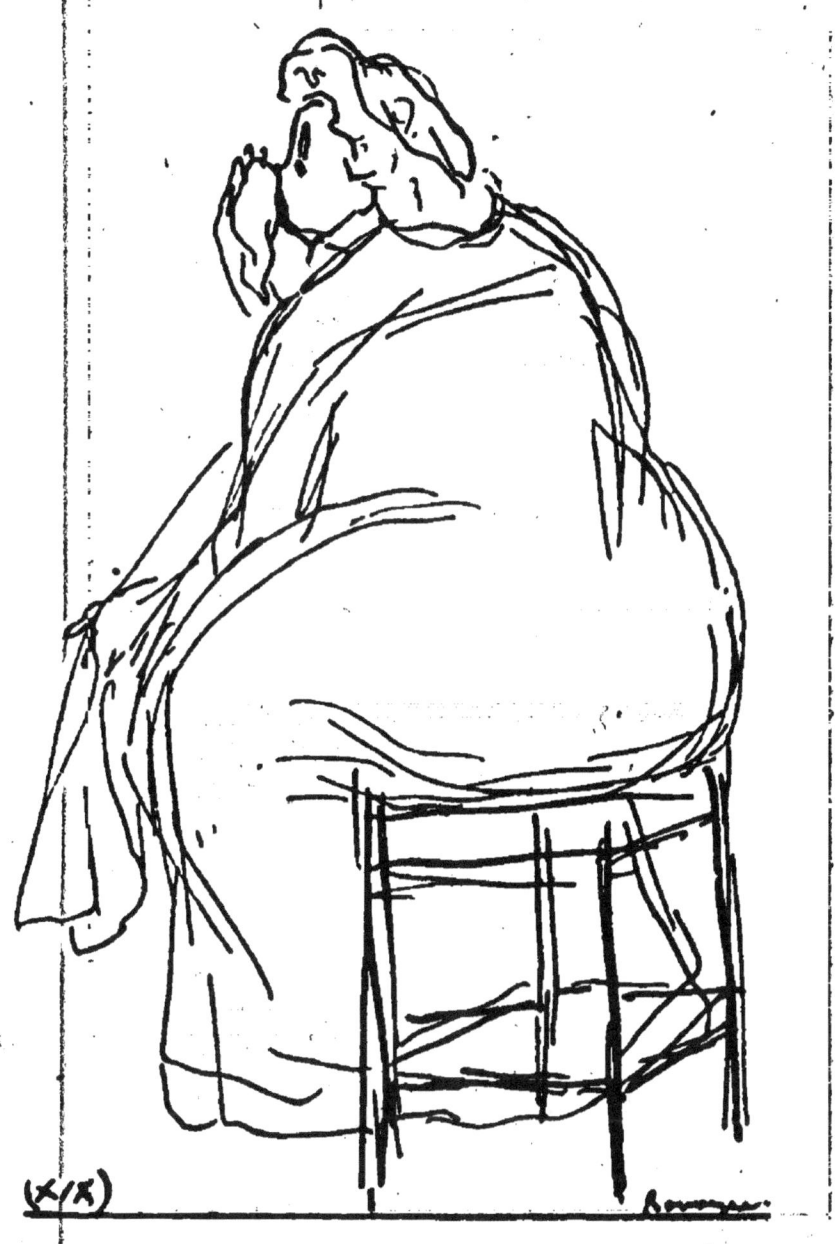

(X/X)

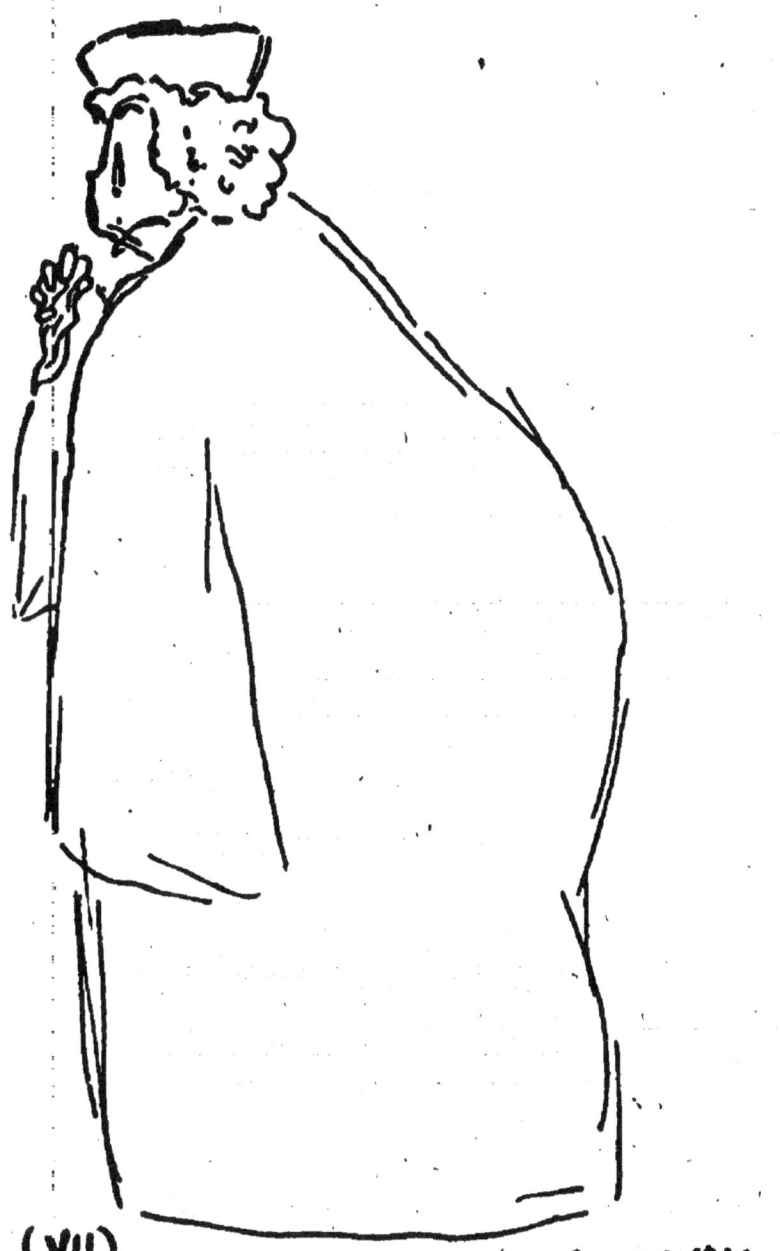

(VII)

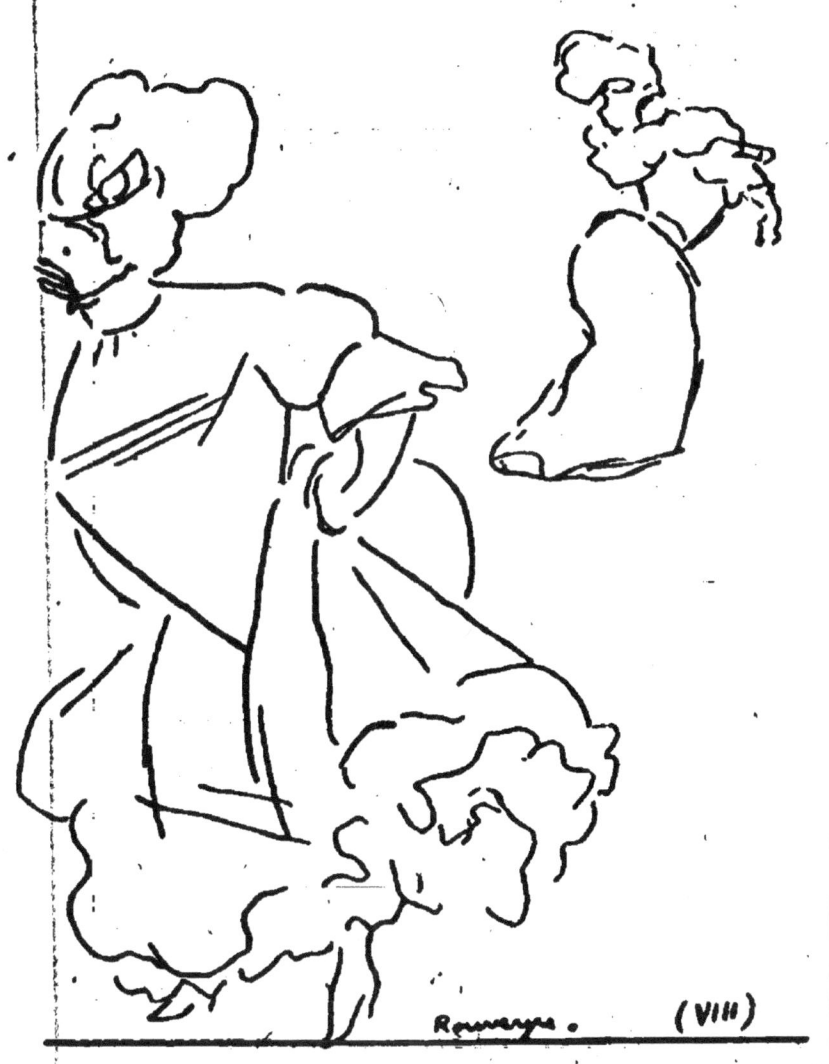

Rouveyre. (VIII)

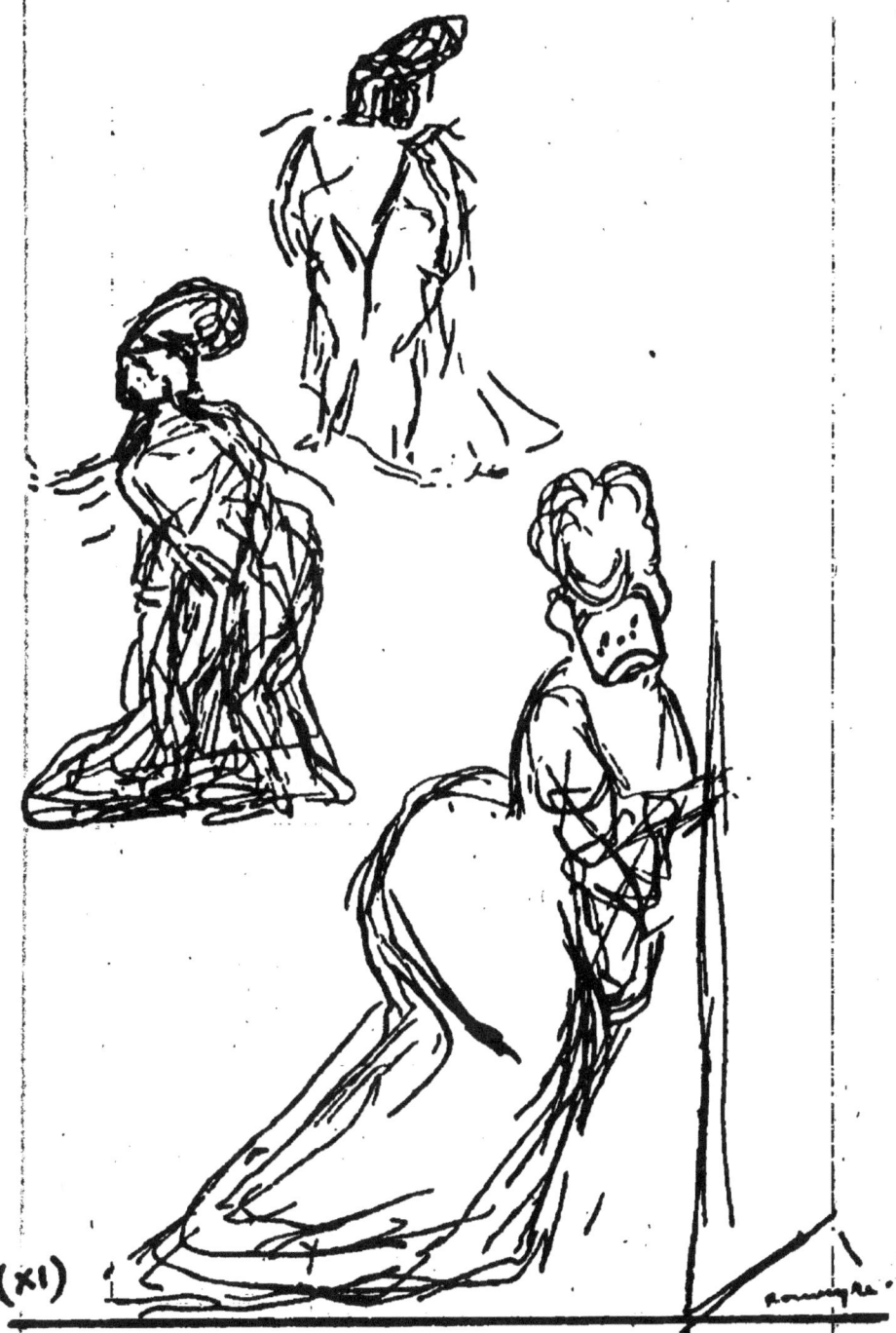

(XI)

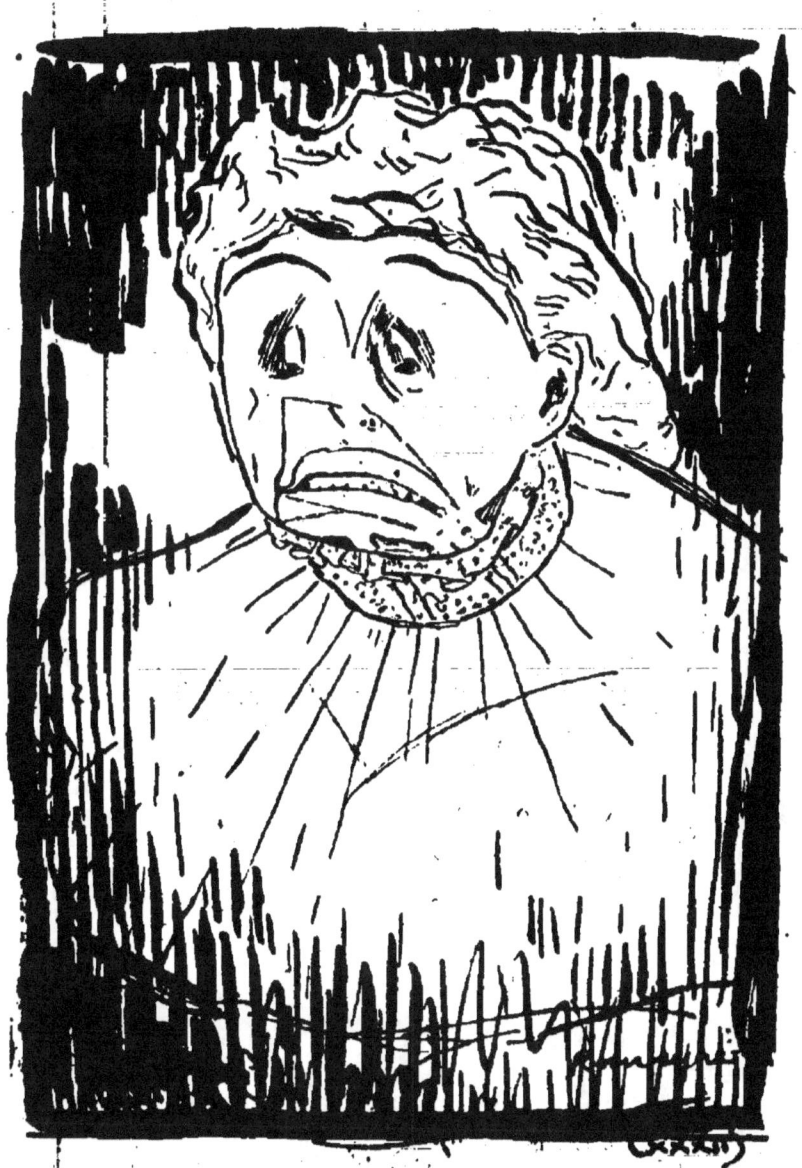

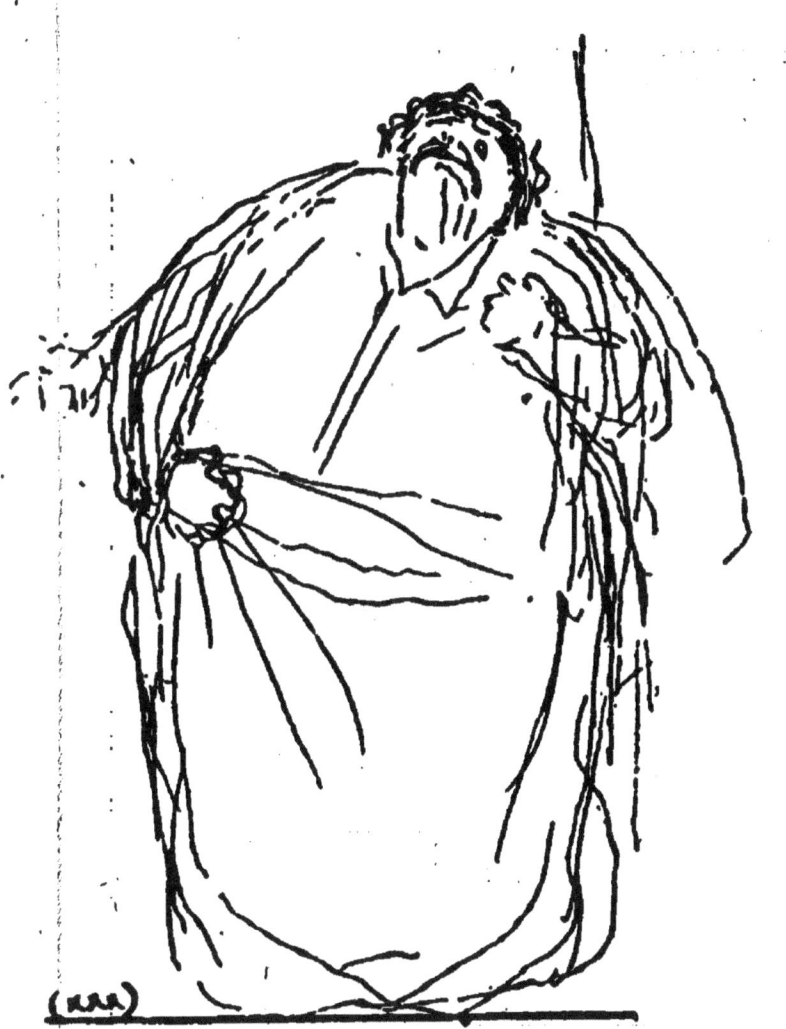

(RRR)

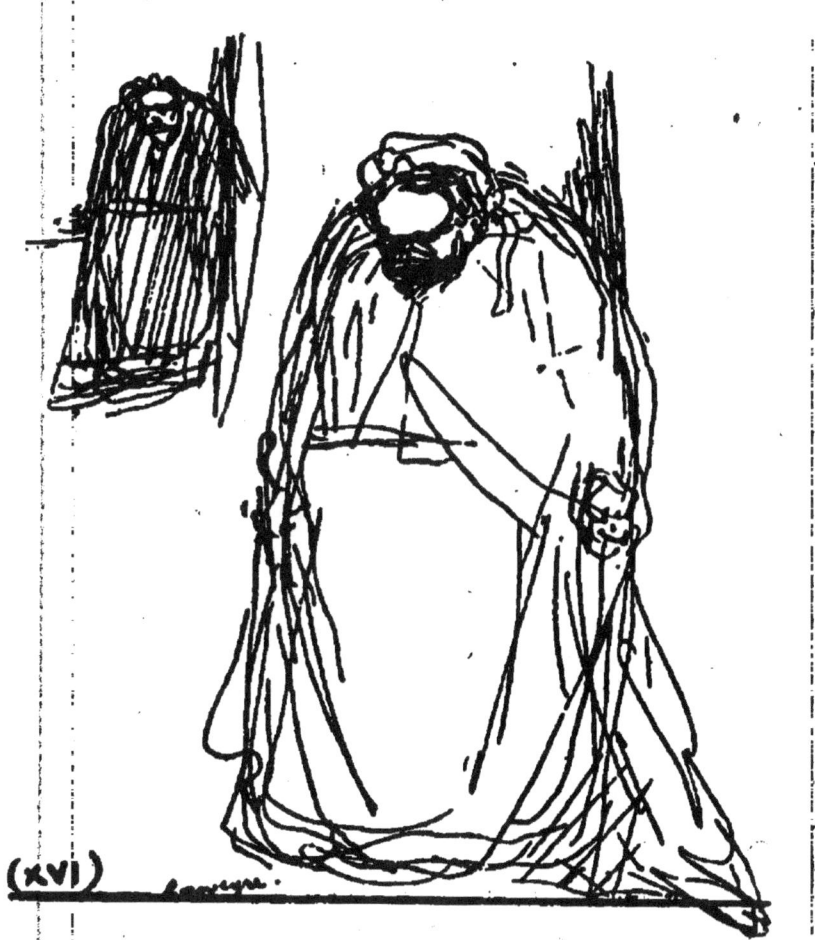

(XVI)

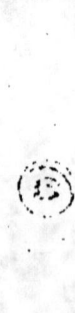

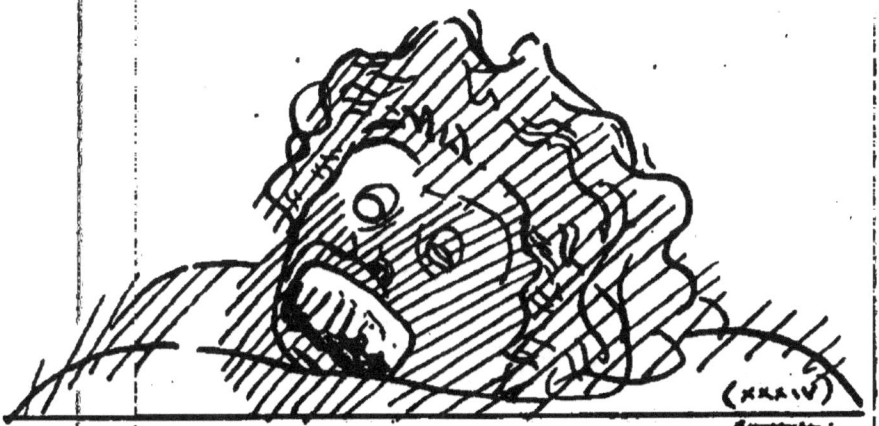

(XXXIV)

Remarque.

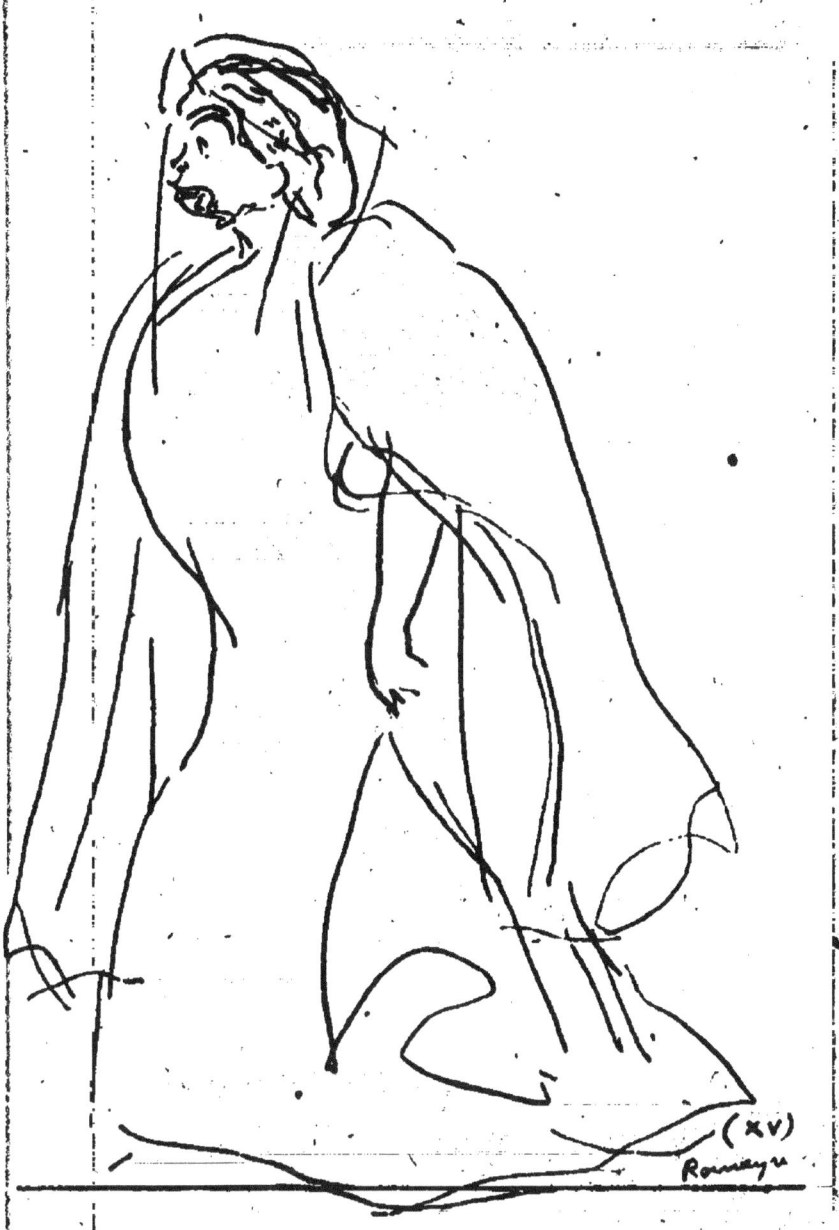

(XV)
Romeu

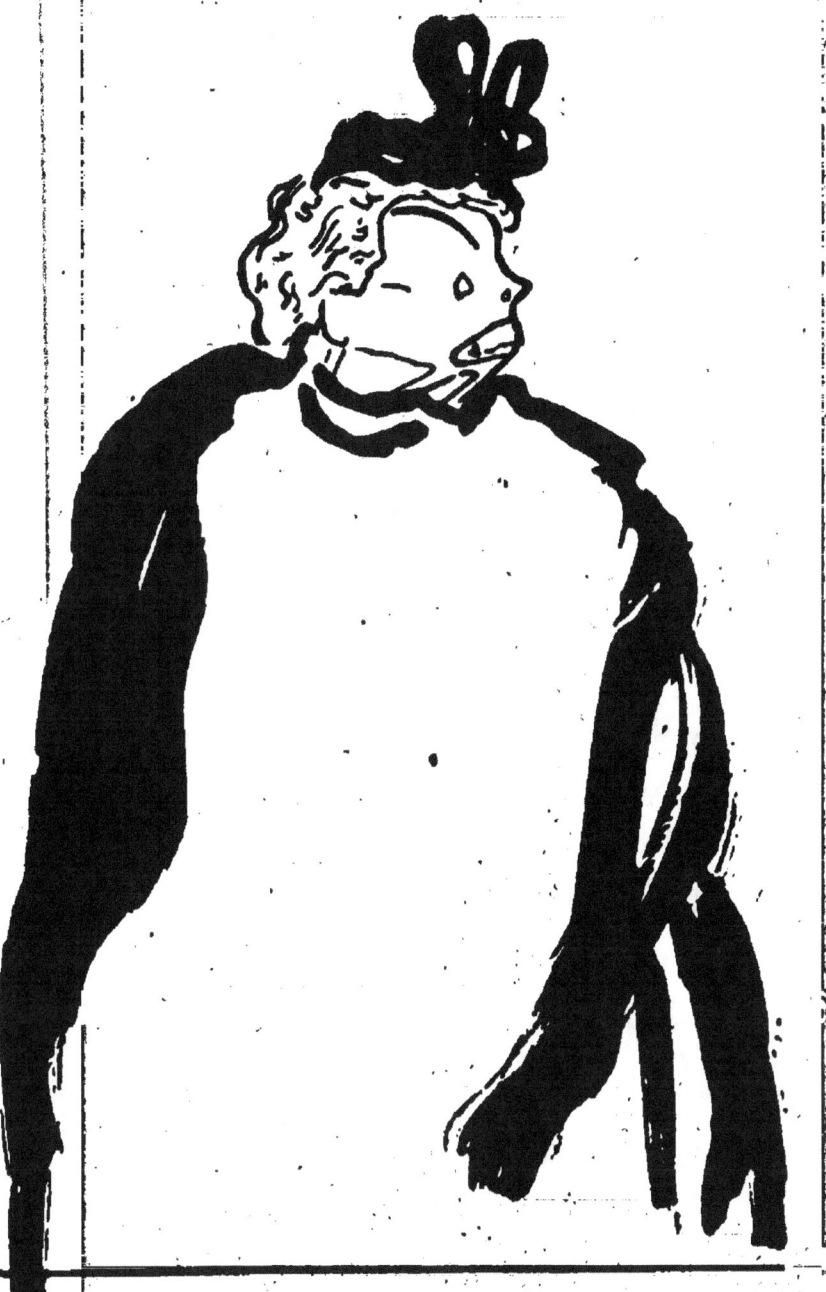

(xAll)

Rouveyre

la matière et de vivre en belle solitude de soi-même.
Cependant tout cela, toute cette volonté, tous ces
efforts paraissent indéterminés et flottants, parce qu'à
travers de belles lignes, ces yeux bridés et la bouche
qui est comme un nid de soupirs et de pensées sous-
entendues, à travers toutes ces amabilités de la vie
paraît la plaie insaisissable pour l'œil vulgaire, plaie
de race, de sang ou de personnalité : la cassure du
cou. La volonté flottera! Cette volonté ira indécise à
travers la vie, cette raison sanglotera et le pauvre
cœur connaîtra l'ennui d'inutiles solitudes et de con-
tacts du hasard. Ce sera encore une âme brisée. Le
dessin VI[1] termine en une effroyable négation la *Monographie d'une Artiste.*

Avec une autre précision plus terrible se présente
la *Monographie d'une Comédienne*, composée de
trente-cinq dessins. Comme toujours la monographie
débute par une vision simple : une petite femme aimable
avec un clair sourire, des yeux riants, enveloppée de
jolies robes qui parlent du goût et de l'élégance de
celle qui les porte. Une bonne sentimentalité éclaire
les traits avec un soupçon de brisure imperceptible
auquel au début on n'attache aucune importance (I[2],
II[3], III[4]) c'est même une silhouette inexpressive (VI[5])
mais toute de grâce, d'enveloppe et d'amabilité; il n'y
a pas de ligne prédominante, cependant les angles ont
des tendances à fondre et les rondeurs dominent au
front; autour des yeux, dans les hanches, dans le dos,
la même bonne âme gentille et simple paraît encore
si humble dans le dessin XXXV[6] qui est un tableau en

1. Page 157. — 2. P. 141. — 3. P. 143. — 4. P. 145. — 5. P. 147. — 6. P. 149.

demi-teinte où surgit parmi le noir la pauvre petite
tête prise de lassitude peu compliquée, matérielle,
lassitude de travail ou de passion, lassitude de
marche ou d'un autre acte matériel. Là encore les
lignes des paupières, le cou, le dos, le bas des robes
s'arrondissent et effacent les angles qu'on ne voit
plus. Dans le dessin V[1] ce n'est qu'un bloc de courbes
formant la figure humaine, au fond toujours la même,
souriante, spirituelle, pleine de vie, avec pourtant
l'inquiétante ligne du bras et une suite fantasque du
tracé de la bouche.

C'est une bonne âme, une âme excellente que celle
du dessin II[2] avec le petit nez, les yeux bridés, cha-
peautée et gantée. Elle paraît faire des gestes simples,
expressifs, qui paraissent remercier, remercier
encore et remercier toujours. On ne soupçonne pas au
premier coup d'œil de grands éclats de vie, de la
tragédie, sauf peut-être dans cette paupière bour-
soufflée et dans ce bas de robe trop plein de vie, trop
docile à la volonté esthétique de celle qui le manie.
Et voilà le dessin XXVI[3], la même figure, les mêmes
paupières, la même ligne, et déjà la robe est plissée,
les rotondités sont nées, la chair semble comme un
écran cachant la tête aimable, le terrible sourire et
tout ce qui constitue l'âme du dessin I[4], et surtout du
dessin II[5]. Puis la voilà, étalant l'immense sphère des
matérialités, devenue comme un astre de l'animalité
robuste, exclusive. Ah! ce ventre du dessin XXVII[6]
qui écrasa ce qui voulait s'opposer à sa loi, qui
déplaça les yeux, la bouche et la tête, changea les lois

1. Page 151. — 2. P. 143. — 3. P. 153. — 4. P. 141. — 5. P. 143. — 6. P. 153.

des plis et des enveloppements de la matière, et qui surgit presque nu, malgré les étoffes. On y voit, on y pressent le ventre du monde, la matérialité avec toutes ses grandeurs et toutes ses lâchetés. Nous sommes bien loin de la personnalité première. Cependant ce croquis n'a pas encore l'aspect du dessin XXIV[1] où la courbe est volontaire, déjà bien posée. L'âme inconnue semble crier par cette bouche étrange : « C'est moi, la volonté, la passion et le désir de la bête humaine dans toute sa splendeur. C'est moi la matérialité. » La force de vivre, de désirer, arrive à rendre supérieures les ténèbres de la vie animale, à rendre terriblement beau ce ventre déformé (XXX[2]), ce dos où domine la courbe.

Dans le XXIV[3] et le XXXIII[4] la simplicité a disparu, il y a un acharnement de l'animalité, l'amour volontaire de la jouissance qui semble être plus fort que la nécessité de vivre et même de désirer. Le petit nez nerveux s'est déformé, la bouche est devenue un carré, la tête a pris un aspect sinistre et en haut bouillonne et palpite le délire dyonisiaque, la loi du sang.

Ainsi peu à peu des détails décoratifs de la race s'effeuillent. Rouveyre semble avec des doigts agiles arracher toutes les jolies fleurs dont on se vêt pour paraître. Insatiable, Rouveyre râcle la peau affinée par les pâtes, redressée par l'art; il retrouve la ride indélébile, devenue invisible parmi les lumineuses évocations des fêtes, des bruits, grâce à ce qui est acquis, impersonnel, inutile, œuvre de goût, de coiffeur, de mode.

1. Page 157. — 2. Page 175. — 3. Page 157. — 4. Page 159.

Apparaît alors le dessin XXXIII[1] avec le nez surplombant le carré robuste, fantasque, que forme la bouche qui paraît comme un fort qu'on a construit là en pleine figure humaine pour défendre des lois inconnues, pour crier gare, pour menacer. Il y a déjà de graves indications dans ce dessin XXXIII[2], des indications qui peu à peu se précisent dans une série de savants dépouillements. On ne trouve plus ni ombres ni demi-teintes, mais un croisement de plus en plus simple des lignes (XVIII[3], X[4], XIX[5]), où l'affolement de la matière se dessine par un geste et l'écrasement des traits (XVIII), par un tassement des courbes avec déjà l'ébauche de la tare (XIX), par une simplification de statue égyptienne avec un carré de figure où la tache ineffaçable grandit, s'humanise, devient quelque chose de divin, de suprême, d'immortel (X).

De braves gens ont peur de ce mot : la tare. Dans les dépouillements de Rouveyre, c'est la constante du sang, la *directrice* qui remplace les nuances de la matière, les affinements de l'esprit, par quelque loi de la matière acquise à travers les siècles qui est ancrée dans la chair de la personnalité, qu'on dépouille et qui impose à tous ces flottements de l'âme humaine, au flou de la volonté moderne, quelque geste infaillible, le geste de la bête, geste de l'*Ancêtre*. Voici la beauté du dessin X.

D'une façon plus précise encore la tare éclate dans le dessin XXIX, simple portrait fait de lignes peu compliquées, de bonnes lignes droites qui n'ont la prétention ni de préciser ni d'écraser, mais qui

1. Page 159. — 2. P. 159. — 3. P. 161. — 4. P. 163. — 5. P. 163.

encadrent la vision essentielle : la masse irréductible des chairs modelées, des lèvres, de la bouche, des dents. L'ensemble forme une unité dont on ne peut plus séparer tel trait parce que le tout s'impose dans son unité de force, d'horreur, de puissance et de beauté. A travers cette synthèse que Rouveyre a construite, on revoit le dessin 1[1] où les mêmes gestes prennent d'autres valeurs, où la même silhouette change de caractère. Comparez le VII[2] et le VI[3], la bonne petite femme VI avec les traits fins et la femme VII, avec l'œil exaspéré et l'ensemble solide d'une solidité fruste, non rabotée, dont rien n'atténue les angles; solidité d'ancêtre! Les dessins VIII[4] et XI[5], par une série de croquis, exaltent ce caractère où il n'y a plus d'illusion, de fausse sentimentalité, mais quelque immense volonté qui ne dépend pas de la conscience, mais d'une fatalité inéluctable, qui la régit contre toutes les fausses sentimentalités, contre les pâles gentillesses de petite femme, contre la bonne grâce courante. Et voici pourquoi la tare, qui est la force même, le talisman de puissance et de victoire de la personnalité de cette *Comédienne*, surgit comme une plaie sanguinolente, comme un mal qui ronge (XXXII[6]) et qui cependant est le principe même de sa vitalité; la *Comédienne* de Rouveyre ne vit que par la puissance mystérieuse de la force ancestrale, simple, immédiate qui broie au moment voulu toutes les contradictions modernes, toutes les velléités des petits appétits contemporains, appétits qui créent des inhibitions et empêchent la

1. Page 141. — 2. P. 167. — 3. P. 117. — 4. P. 169. — 5. P. 171. — 6. P. 173.

réalisation de la grande destinée d'une personnalité.

Que de volontés très fines, merveilleuses de grâce et de sagesse s'écroulent parce qu'au moment voulu une loi de sang, quelque appétit brutal de dieux inconnus viennent restreindre les affinements et les complications pour créer un fait simple et normal nécessaire à la victoire.

Rouveyre en dépouillant la personnalité a montré, non seulement que cette loi est une réalité, mais il l'a montrée dans toute sa splendeur et à travers toutes ses complexités. Si nous regardons les dessins XXX[1] et XVI[1] ou même le XXXIV[3] si tragique, si nous les comparons avec le XXXV[4] qui marque une bonne lassitude de simplicité et de surchage de travail, nous voyons toute la différence qui existe entre l'effort en vue de quelque satisfaction immédiate, l'effort qui organise le petit train de l'existence, avec l'autre, l'effort au delà de la personnalité, au delà de l'humanité même, l'effort symbole, une concrétisation des forces mystérieuses de la nature. C'est cet effort qui crée la charpente immortelle de la vie, qui donne de la grandeur à la personnalité humaine, qui l'élève au-dessus de ses contemporains. Ah! cette lassitude du dessin XXXIV[5], comme elle est loin de quelque pauvre insomnie d'amour ou d'indigestion. C'est un effondrement sous la puissance de quelque force magnétique, c'est l'invocation de la bête humaine, haletante, qui marche vers un but qu'elle ignore à travers toutes sortes de péripéties plus ou moins tragiques, qui s'affaisse au coin d'une route pour se relever et

1. Page 175. — 2. P. 177. — 3. P. 179. — 4. P. 149. — 5. P. 179.

reprendre sa tâche. Il n'y a plus de vie personnelle!
A travers les banalités de l'existence courante, à travers les fanfreluches et les heures grises (XV[1]), dans
ce geste de mains, dans l'envolée des vêtements, on
voit poindre l'empreinte de la démence victorieuse,
qui, comme une pierre étrangère, s'est incrustée dans
la bouche. La fatalité a vaincu! La fatalité est victorieuse! Et voici pourquoi, malgré les courbes de la
matérialité, toutes les boursouflures que crée la lutte
entre l'esprit et la chair, le dessin XXII[2] nous montre
la bonne petite femme V[3], I[4], II[5], mais dépouillée déjà
de tout ce qui ne constitue pas le sens même de son
être, sa raison d'existence. Rouveyre a exprimé une
personnalité dans ses quarante dessins et après avoir
esquissé son âme dans le I[6], l'a récréée, renouvelée et
reconstruite dans le dessin XXII[7], suprême résumé de
toutes ces passions où le drame de la *Monographie*
*d'une Comédienne* est posé dans toutes ses péripéties.
En effet, il ne suffit pas que la robuste tare demeure
imprenable, résistant à tout. Il est évident que parfois
comme le mal immense de vivre, parfois comme un
effort surhumain, cette tache anatomique donne à cette
personnalité l'aspect d'une farouche et intraitable
volonté qui brise tout, mais qui arrive à construire
son rêve de faste, de jouissance et de domination.

La simplicité des premiers croquis, toutes les baga-
telles aimables de la personnalité apparente, ne sont
que des dérivatifs pour vaincre des premières escar-
mouches par le sourire et la grâce. Cependant les

1. Page 181. — 2. Page 185. — 3. Page 131. — 4. Page 141. — 5. Page
145. — 6. Page 141. — 7. Page 185.

appétits qui vont éclater, tous ces gestes brutaux qui
paraissent être des poussées d'une passion que rien ne
réfrène, font partie.de la grande tare, de la matérialité. Ce sont eux qui font le fumier de culture de la
volonté fatale, le bouillon nécessaire pour que la
grande volonté puisse surgir malgré le trop plein de
nuances et d'affinements.

Le principe de la personnalité devient net et précis
à travers la légèreté de l'individualité nouvelle, superficielle, de l'individualité immédiate qui est faite pour
l'existence du jour, pour la durée du papillon, pour la
grâce d'une rose, apparaît la volonté barbare des
siècles, la volonté de l'Ancêtre, celle de l'humanité
ayant besoin pour se manifester de motifs brutaux,
de raccourcis farouches de la passion et de la volonté
qui permettent de bousculer l'individualité immédiate
ou de la domestiquer en vue de la durée, plus haute
et de l'existence plus proche de la substance humaine.
C'est ainsi qu'éclatent ces passions de cette bouche
que rien ne pourra restreindre, que naîtront ces gestes
qui paraissent vouloir détruire tout l'édifice de la
civilisation. C'est ainsi qu'on verra les lassitudes
fatales et puis on s'apercevra que tout cela est bridé
par la volonté d'ancêtre, par la tare, que cette poussée de sauvagerie et de primitivité n'est qu'un moyen
pour la volonté suprême de s'isoler parmi les complications de la vie et d'atteindre ainsi la victoire. Voici
pourquoi Rouveyre a fait un chef-d'œuvre en mono-
graphiant une âme humaine, parce que grâce à ce procédé il a établi toute une série de lois de la volonté
avec toutes ses nuances et toutes ses nécessités.

# CONCLUSION

André Rouveyre, qui dans cette série de dessins s'est attaché à immortaliser non plus des aventures passagères de l'existence, mais une épopée de la vie, tient par ses derniers travaux une place à part. Tandis qu'un Callot étudie les déformations et les contorsions que créent la peine et la misère, qu'un Goya aperçoit à travers les rotondités des prêtres ou les suffisances des militaires la vraie grimace de terreur et d'horreur, qu'un Daumier trace la lutte des convoitises vulgaires avec les pauvres volontés humaines, qu'un Sem, par des traits précis, fait surgir les insuffisances que donne la vie d'apparat et de jouissance, Rouveyre est avant tout inquiet de l'effort humain spiritualisé. Il y a de graves préoccupations dans son art pour l'intellect et la volonté qui le dirige. Déjà, dans ses premières œuvres, on le vit tâtonner pour poser certaines lois du masque humain enchaîné à une série d'évocations de la pensée (*l'album de la Comédie Française*). Cette préoccupation devient presque exclusive dans les *Carcasses Divines*.

.·.

L'intellectualité, pour être exprimée en art, réclame une émotion particre et ulié des procédés spéciaux.

17

Étant une synthèse de la personnalité humaine, une sorte d'extrait de tout ce qui la constitue, la vie spirituelle exige des simplifications comme expression, une grande intensité comme vision. Les âmes dominées par l'esprit réclament, pour être dépouillées, des doigts plus nerveux que celles des gueux ou même de ces messieurs du turf. La pensée suppose des tragédies profondes, des inhibitions, des froissements entre la matière et l'esprit. Elle rend nécessaires des arrêts et des dégradations. Elle oblige de coordonner des plans, d'écarter tout le superficiel pittoresque pour montrer l'âme humaine dans toute la splendeur de la lutte de la volonté d'inertie : matière, et de la volonté du mouvement : esprit. C'est ainsi que, dans son dernier ouvrage, Rouveyre a simplifié la ligne, il a écarté du dessin les creux, les ombres, les valeurs proprement dites. La personnalité d'art qu'il évoque est faite des rapports entre surfaces et je dirai même se réduit à l'oscillation constante entre deux directrices, la verticale créant les lignes hautes et l'horizontale aboutissant à travers toute une série de dégradations, d'obliques (lignes basses) à la ligne idéale de la matérialité : la courbe (*Boissier*[1] et *Simone Benda*[2] et certains dessins de la *Monographie*[3] *d'une Comédienne*). Cependant pour que ces rapports géométriques aboutissent à une expression et deviennent un document esthétique, il ne lui suffit pas de faire de la géométrie simple, il établit des raccourcis et des concordances; c'est ainsi que naissent ces silhouettes de volonté et d'esprit qui, quoique composées de données

1. Page 61. — 2. Page 59. — 3. Page 141.

purement géométriques, sont de vrais tableaux, des
œuvres de clair-obscur, avec cette particularité que
tout est premier plan et que derrière ces surfaces
palpitantes on ne suppose que ténèbres et mystères.
C'est ainsi que se présentent ces évocations de mort
et de volonté (*Golberg*[1]); celle du triomphe au prix
de quelque grande défaite personnelle (*Barrès*[2]); ou
l'évocation tragique du *Willette*[3]. De même, l'esprit
paraît plein de déchéances et d'insuffisances au
moment où enfin il couronne la personnalité de ses
ombres adoucissantes (*France*[4]); ou bien qu'il lui offre
une solide certitude (*Berthelot*). A travers toutes ces
péripéties forcément réapparaissent les lignes indélébiles de la matérialité et de la spiritualité. Des rapports
constants entre la droite et l'horizontale, des angles
qui se répètent, à travers toutes les variétés person-
nelles, établissent de véritables fiches de l'effort
spirituel en art.

.˙.

L'artiste une fois engagé dans la terrible voie du
dépouillement spirituel est entraîné dans l'abîme de
l'âme. Il ne peut plus se dégager de la clarté que
réclame la définition même de l'esprit. Rouveyre
simplifie son art, pose avec précision certaines lois,
donne un pouls aux rapports géométriques et infuse
du sang dans les courbes. Mais cela ne lui suffit pas.
L'esprit est un vorace compagnon, il impose des
nécessités, des précisions grandissantes, des schémati-

1. Page 43. — 2. Page 113. — 3. Page 109. — 4. Page 121.

sations de plus en plus tragiques et il dut, docile à sa destinée, comprenant la mission de son art, se soumettre aux exigences de cette forme nouvelle dont il dient de doter l'art graphique. Il a créé alors la monographie, cette innovation qui est comme un oratorio dans la musique, ou comme l'exercice spirituel d'un chrétien. La monographie suppose la variation graduée d'une même expression unitaire : la personnalité avec tout l'attirail de la dissection esthétique. Elle dépouille couche par couche, section par section, geste par geste, la forme, et y cherche la griffe de l'esprit. C'est ainsi que le dessinateur arrive à retrouver la fatalité de l'âme humaine, la constante de la race, du sang, une série de phénomènes inséparables qui, malgré toutes les diversités de la vie journalière, demeurent immuables et forment la carcasse de l'individu. La monographie est l'aboutissant de la vision inquiète, purement intellectuelle qui caractérise l'émotion esthétique de Rouveyre.

La préoccupation spirituelle a créé la simplification et la modernisation du dessin qui, à son tour, rendit nécessaire la recherche des constantes dans certaines manifestations de la volonté et de l'esprit, et aboutit finalement à cette innovation révolutionnaire en art : la monographie plastique.

# TABLE

—

60312. — PARIS. IMPRIMERIE GÉNÉRALE LAHURE

9, RUE DE FLEURUS, 9.

www.ingramcontent.com/pod-product-compliance
Lightning Source LLC
Chambersburg PA
CBHW071533220526
45469CB00003B/759